L'ENFANT D'HIÉRAPÉTRA

ÉCOLE FRANÇAISE D'ATHÈNES

TRAVAUX ET MÉMOIRES

DES ANCIENS MEMBRES ÉTRANGERS DE L'ÉCOLE ET DE DIVERS SAVANTS

Fascicule XX

L'ENFANT D'HIÉRAPÉTRA

PAR

Éliane G. RAFTOPOULOU

Dépositaire :

DIFFUSION DE BOCCARD

11, RUE DE MÉDICIS, PARIS-VIe

—

1975

A LA MÉMOIRE DE MON PÈRE.

Une des pièces les plus remarquables du Département des Sculptures, au Musée d'Héracleion en Crète, est la statue-portrait en bronze[1] d'un adolescent[2] (pl. I à III), fortuitement découverte en août 1958 à Hiérapétra (antique Hiérapytna[3]), sur la côte Sud de l'île ; elle fut mise au jour pendant des travaux d'enlèvement du sable, sur la plage, au lieu-dit Viglia (Βιγλιά), où elle était enfouie à une profondeur de 3,50 m[4].

L'ensemble[5] donne une première impression de simplicité : l'adolescent est

* Il m'est agréable d'adresser mes remerciements les plus chaleureux à l'Éphore Stylianos Alexiou, directeur du Musée archéologique d'Héracleion, qui m'a généreusement permis de publier ce bronze important, et à M. Pierre Amandry, directeur de l'École française d'Athènes, qui a bien voulu accueillir cette étude dans une des collections de l'École. A J.-P. Michaud, qui a bien voulu revoir mon texte, j'adresse, encore une fois, mes vifs remerciements. Pour communication de photographies, je dois remercier : l'Éphore B. Philippaki du Musée National, MM. B. Schmaltz et G. Hellner de l'Institut allemand d'Athènes, D. von Bothmer du Metropolitan Museum, M. Szabo du Musée de Budapest et les Directions du Musée d'Héracleion, de la Glyptothèque Ny Carlsberg et de la Glyptothèque de Munich.

(1) Inv. n° 2677 (Inventaire des Bronzes du Musée d'Héracleion). Dimensions : Haut. totale : 1,40 m ; haut. de la base : 0,045 ; haut. de la tête : 0,23 ; haut. du visage : 0,155. Largeur du visage aux pommettes : 0,13. L'Épimélète J. Sakellarakis a eu l'amabilité de vérifier sur place ces mesures, ce dont je le remercie vivement.

(2) L'âge du personnage semble être le passage de l'âge de « παῖς » à celui de « μελλέφηβος » : cf. P. Roussel, *Délos, colonie athénienne* (1916), p. 369 sq. ; *RE* XV, 1, *s.v.* « Μελλέφηβος » col. 557-558. La statue est légèrement plus petite que nature.

(3) Cf. *RE* VIII, 2, *s.v.* « Hierapytna », col. 1405 sq.

(4) D'après les renseignements des ouvriers, la statue, enfouie dans le sable, était posée debout sur le rocher naturel. Déposée à la Collection d'Hiérapétra, elle avait été nettoyée par Z. Kanakis ; après son transfert en 1961 au Musée d'Héracleion, elle fut l'objet d'un nettoyage plus systématique par le même Z. Kanakis (alors technicien en chef du Musée). Sur les circonstances de la découverte, cf. N. Πλάτων, Κρητικά Χρονικά 12 (1958), p. 461 et p. 481 sq. ; G. Daux, *BCH* 83 (1959), p. 732.

(5) La statue a été coulée à la cire perdue et en plusieurs parties (un des raccords se discerne à la base du cou). Ép. du bord inférieur de l'himation (au milieu, face) : 9 mm ; ép. du point correspondant (revers) : 1 cm ; ép. de la paroi (à la hauteur de la main g.) : 4 mm, et sous le bourrelet du col : + 1 cm ; ép. à la base : 4 mm. De rares imperfections de coulée (fissures, etc.) sont recouvertes de petits rectangles en feuille de bronze. La conservation de la statue est excellente. Le bronze, dont la surface est recouverte d'une patine de ton vert-brun sombre, a subi quelques dommages secondaires : un trou s'ouvre dans le pan de l'himation qui retombe du bras gauche ; un autre, plus petit, au revers de la statue, à la hauteur du milieu de la jambe gauche, ainsi que deux petites fissures sur l'himation qui recouvre la cuisse droite. Sous le bourrelet du col, à l'arrière, s'ouvre une fente (point de soudure du cou). La moulure de la plinthe circulaire est endommagée par une rainure horizontale sur le côté droit (long. : 0,105). La surface des joues est corrodée, en particulier à la joue gauche, où la corrosion atteint la mâchoire ; elle est plus limitée sur la joue droite. La surface du bronze sur le côté droit du front est légèrement piquetée aussi par la corrosion.

représenté debout et de face, sur une plinthe circulaire très basse[1], enveloppé dans son large himation. Le poids du corps porte sur la jambe gauche[2] ; la jambe droite est légèrement pliée, et le pied posé sur la plinthe en très léger retrait (la pointe tournée vers l'extérieur et la plante à peine soulevée). Le hanchement du corps est peu prononcé, tandis que la ligne des épaules dévie à peine de l'horizontale, l'épaule droite étant un peu haussée. L'enveloppement épais de la figure et l'attitude bien stable du corps confèrent à la statue une certaine monumentalité.

Les bras inégalement repliés et en contact avec le corps sont complètement cachés par l'himation, seul vêtement porté par le personnage, et qui ne laisse apparaître qu'un petit triangle nu à la base du cou, vers le côté gauche de la poitrine. Les deux extrémités de l'himation retombent en plis lourds sur le côté antérieur gauche du corps ; le bord inférieur est replié, les plis pressés par la main gauche au niveau de la hanche, tandis que le bord supérieur, enroulé de manière lâche, forme sur la poitrine une ligne oblique et, passant par-dessus le bras, retombe sur le côté gauche du corps, surplombant les plis formés à partir de la hanche. Le bras droit repose sur la poitrine, le poing fermé comme s'il amorçait un geste vers l'avant. De ce poing recouvert par l'himation naissent des plis qui, d'une part, barrent la poitrine et, de l'autre, déterminent vers le bas un grand pli courbe qui aboutit à la région inguinale ; à l'intérieur de cette demi-ellipse, d'autres plis secondaires se rencontrent à angle obtus. Au revers de la figure (pl. III), les plis sont plus superficiels, la surface de l'himation ondulant aux points de contact avec le corps ; des plis secs et schématiques traversent obliquement le dos en direction du coude gauche qui tend le tissu. Le personnage est chaussé de sandales à demi-fermées[3] (pl. VI b).

La tête-portrait du jeune garçon, âgé de treize à quinze ans (pl. IV), concentre sur elle l'intérêt par son individualité et sa haute valeur expressive. La tête, au crâne rond et au visage large[4], est portée par un cou assez mince et s'incline à peine, légèrement tournée vers l'épaule droite. Les cheveux, courts et peignés vers le front à partir du vertex, forment une frange de mèches curvilignes, espacées, et séparées sur le côté gauche du front (pl. V). Sur le côté droit du crâne, les mèches sigmoïdes

(1) Plinthe de forme discoïdale (h. : 0,045), de diam. : 0,46 ; au milieu du disque, deux petits cercles concentriques, incisés et en léger relief, indiquent le centre : cercle extér. : diam. 0,075 ; diam. intér. : 0,035. Mouluration très schématique du bord (base ionique simplifiée) ; sur le bord, quatre petits trous rectangulaires (de 0,011 de côté) s'ouvrent à des distances approximativement régulières, et servaient à fixer la plinthe circulaire à un autre élément (base rectangulaire (?) de bronze ou de pierre) ; cf. G. LIPPOLD, Kopien u. Umbildungen (1923), p. 98 sq. Forme de la base : J. CHARBONNEAUX, Les bronzes grecs (1958), pl. XXXI, 2 et F. CHAMOUX, BCH 74 (1950), p. 75 sqq.

(2) Cette pondération est à peine marquée, les pieds sont plantés au sol avec lourdeur, le poids du corps se répartissant presque également sur les deux jambes, pose qui donne à la figure solidité et réalisme.

(3) Ces sandales comportent deux parties distinctes : celle, fermée, du talon, et la partie antérieure, formée d'un lacis de lanières de largeur moyenne s'attachant à un rebord de cuir et se reliant sur le devant de la cheville par un nœud (sur le cou-de-pied, retombée axiale d'un large ruban de cuir libre). Sur les deux côtés de la cheville se trouvent deux ouvertures circulaires, tandis qu'au talon le bord supérieur de la chaussure forme une longue tige qui remonte sur la cheville. Sous le lacis des lanières, une pièce de cuir souple couvre le dos du pied, en laissant les orteils en partie découverts.

(4) Le visage présente de légères asymétries de traits (arcades sourcilières et leur région, œil gauche, lèvres) ce qui contribue à un rendu plus vif et plus naturel (cf. J. MARCADÉ, Au Musée de Délos [1969], p. 269 : « asymétries des portraits réalistes »).

et disposées irrégulièrement sont verticales, tandis que, sur le côté gauche, les cheveux plus plats descendent légèrement en oblique vers le visage. Ces mèches latérales recouvrent le bord de l'ourlet des oreilles, qui sont assez grandes et un peu décollées[1] (pl. V). Devant celles-ci se forment de longues guiches ; au bas de la nuque, les cheveux ont une direction fortement divergente par rapport aux mèches occipitales, qui sont pratiquement verticales, mais assez irrégulières et de dessin indistinct, tandis qu'au vertex l'étoile de mèches est nettement dessinée (pl. VI a).

La partie inférieure du front large est proéminente, les sourcils sont bas et contractés, les yeux en forme d'amande sont étroits, allongés[2], peu enfoncés et rapprochés sous leurs fortes arcades sourcilières. Les globes des yeux, qui étaient rapportés[3], ne sont pas conservés. Pommettes hautes, tempes larges et mâchoires fortes, nez assez court et étroit s'élargissant aux narines, menton petit et bouche large à lèvres assez épaisses et proéminentes[4], caractérisent ce visage. Les plis de la région labionasale sont très marqués et sur la pommette gauche se distingue un grain de beauté.

L'expression est sombre, contractée et légèrement boudeuse ; le regard devait être lointain et un peu baissé. Les joues larges et pleines gardent encore ce trait de visage enfantin. On note une certaine dissonance entre les formes gonflées de la jeunesse et l'expression un peu dure et mélancolique du personnage.

(1) Rendu très réaliste des oreilles (qui sont assez plates avec un conduit acoustique peu profond) et à « clair-obscur hellénistique » : cf. S. KAROUZOU, *Studi in onore di L. Banti* (1965), p. 206.

(2) L'étroite ouverture des yeux et les narines légèrement dilatées accentuent l'expression ; une certaine lourdeur des paupières donne au regard une nuance pensive.

(3) Technique fréquente sur les bronzes ; utilisation de différentes matières (pâte de verre ou pierres, etc.) aux couleurs variées, à l'imitation plus ou moins proche de la nature (tant à l'époque classique qu'hellénistique). Ici, l'insertion était effectuée de l'extérieur, car les rebords des ouvertures des yeux se rétrécissent vers l'intérieur (voir paupière inférieure). Exemples de haute époque hellénistique : portrait d'Arsinoè II (début du IIIᵉ s, av. J.-C.), cf. M. COMSTOCK et C. VERMEULE, *Greek, Etruscan and Roman Bronzes in the Museum of Fine Arts*, Boston (1971), p. 82, n° 87 ; des yeux rapportés en argent se rencontrent à l'époque hellénistique avancée et à l'époque romaine, cf. H. MENZEL, *Die römischen Bronzen aus Deutschland* I (1960), n° 14, pl. 12-16 (à propos d'une tête de Centaure de datation controversée) ; aussi D. G. MITTEN et S. F. DOERINGER, *Master Bronzes from the Classical World* (1968), p. 127, n° 128 : statuette d'Héraclès (?) enfant avec yeux et dents rapportés d'argent (Iᵉʳ s. av. J.-C.), et n° 229 : portrait romain (Iᵉʳ s. ap. J.-C.) (?) yeux « presumably » d'argent, cf. tête au Metrop. Mus. : D. VON BOTHMER, *Ancient Art from New York private Collections* (1961), n° 160, pl. 60-61 et A. OLIVER, *MMABull* (1967), p. 264, fig. 1, 4, 6, 12 ; cf. aussi, des exemples tardifs dans le groupe de bronzes provenant d'Ambélokipi d'Athènes (Sarapis et danseur) cf. *ArchDelt* 20 (1965), *Chroniques* p. 103 sqq. (« milieu du IIᵉ s. ap. J.-C. »).

(4) Les lèvres, apparemment, n'étaient pas recouvertes d'une feuille d'alliage différent (cuivre, etc.) ou d'argent, car elles sont cernées par une ligne en très léger relief, imitant de façon réaliste la limite naturelle du trait. La ligne incisée, de règle pour la fixation d'une feuille de métal, généralement de cuivre, ici absente, a l'aspect d'un sillon assez profond, repris au burin, qui fixait le bord de la feuille incrustée, cf. par ex. la tête du Pugiliste d'Olympie n° X 6439, Mus. National d'Athènes : R. LULLIES-M. HIRMER, *Griechische Plastik* (1956), n°ˢ 224-225, et celle de Cyrène au Musée Britannique, cf. *ibid.*, n° 198 et El. ROSENBAUM, *Cyrenaican Portrait Sculpture* (1960), pl. V, p. 35 sqq. Au sujet de ce détail, cf. K. RHOMAIOS, *ArchDelt* 9 (1924/25), pl. 2-5, p. 151 : Éphèbe de Marathon, où, à cause du très faible relief du contour des lèvres, l'existence de cette feuille de cuivre est niée. Dans d'autres cas, le sillon existe, sans que cela présuppose une lame de métal insérée, cf. par ex. la tête de bronze, provenant de Satala (Arménie) au Musée Britannique, cf. R. LULLIES et M. HIRMER, *op. cit.*, n° 264, datée des environs de l'époque augustéenne (pas de sillon sur la lèvre inférieure) ; H. B. WALTERS, *Catalogue of the Bronzes in the British Mus.* (1899), n° 266.

Tant les proportions que l'attitude du corps, en contraposto léger d'un caractère frontal prononcé, s'inscrivent dans la tradition classique : la statue se déploie en largeur sur l'avant qui comprend tous les éléments significatifs (gestes[1] et draperie) et où se concentre le caractère expressif de l'œuvre. Les vues de profil et l'arrière ont un aspect secondaire et n'enrichissent pas la représentation ; les côtés de la figure, sans grande profondeur, se composent de lignes verticales légèrement ondulantes. L'absence, cependant, de mouvement est compensée ici par le jeu des surfaces de l'étoffe, superposées, pliées, froissées et agitées (moyens qui visent à rendre l'effet de vie à l'ensemble)[2]. Le mouvement, donc, est transmis, et limité, au drapé[3] ; un geste latent du bras droit[4] s'esquisse à peine, tandis que sur le visage se concentre une variété de nuances expressives. Attitude et schéma de notre figure nous orientent donc, plus spécialement, vers la fin de l'époque classique.

Le schéma, aisément reconnaissable, est celui de la Muse centrale sur le relief de la base de Mantinée[5] (plaque n° 216) (pl. VII, 1), figure calme représentée debout entre deux autres Muses, largement enveloppée dans son himation qui couvre complètement bras et mains immobiles. De proportions élancées, elle associe les formes classiques simples à des motifs du début de l'époque hellénistique, comme les reliefs de la base[6], en général, qui montrent à la fois une dépendance à l'égard des formes

---

(1) La concentration des traits significatifs sur la face de la statue a été considérée comme un caractère de la fin de l'époque hellénistique, cf. G. KRAHMER, « Die einansichtige Gruppe und die späthellenistische Kunst », *N G G, Philol.-Hist. Kl.* (1927), p. 10 sqq. ; aussi H. WEBER, *JdI* 75 (1960), p. 129, fig. 10 et 11 ; A. H. BORBEIN, *Marburger Winckelmann-Progr.* 1968, p. 77 sq. Cf. S. KARUSU, *AM* 84 (1969), p. 152, n. 38 ; cf. composition différente en ce qui concerne le « late classical » : G. M. HANFMANN et J. G. PEDLEY, *Antike Plastik* III (1964), p. 64 sqq. ; A. H. BORBEIN, *JdI* 88 (1973), p. 138 sqq., n. 410.

(2) Certaines parties du drapé montrent une vie propre, la « neue Sebständigkeit » que note K. SCHEFOLD, *Bildnisse der antiken Dichter, Redner u. Denker* (1943), p. 124,4 (statuette de bronze au Metrop. Museum) ; cf. en dernier lieu A. H. BORBEIN, *loc. cit.*, p. 132 sqq. (relation draperie-corps).

(3) Le vêtement n'est pas fortement tiré sur le corps (selon l'ajustement du drapé classique), les formes sous-jacentes apparaissent clairement. Il a gagné, ici, de l'indépendance par rapport au corps, sur lequel il ne prend que de rares points d'appui : ventre, hanche gauche, postérieur ; de grandes parties de l'himation, éloignées du corps, retombent de leur propre poids.

(4) Le geste du bras droit, couvert par l'étoffe, se repliant sur la poitrine, motif des plus fréquents sur les figures viriles drapées, peut être rapproché de celui de Daochos I (bras gauche) de l'ex-voto thessalien (Delphes) ; les analogies s'étendent aussi au rendu de certaines parties du drapé : « grandes surfaces inarticulées d'une haute qualité de retenue » : T. DOHRN, *Antike Plastik* VIII (1968), p. 33 sqq. et p. 39, qui parle d'une « mutilation du geste ».

(5) BrBr 468 ; cf. J. N. SVORONOS, *Le Musée National d'Athènes* I (1903), p. 182 sqq., n° 216, pl. XXX (en grec) : « Mnémosynè, plongée dans une méditation profonde ». L'auteur rapproche de celle-ci le type fig. 125, p. 197, qui est différent : retombée de l'himation derrière l'épaule gauche et pondération inversée ; discussion de style et de datation : cf. G. FOUGÈRES, *BCH* 12 (1888), p. 105 sq., pl. I-III ; W. KLEIN, *Praxiteles* (1898), p. 354 sq. ; G. RODENWALDT, *RM* 34 (1919), p. 68 sqq ; du même auteur, *Das Relief bei den Griechen* (1923), p. 83 sq., fig. 103 ; E. PFUHL, *JdI* 43 (1928), p. 17 n. 1 ; G. E. RIZZO, *Prassitele* (1932), pp. 86 et 91 sqq., pl. CXXXI ; H. K. SÜSSEROTT, *Griechische Plastik des IV Jahr. v. Chr.* (1968), p. 124, pl. 25,2 et *Exkurs* 1, qui date les reliefs « des premières années du IIIᵉ s. av. J.-C. » ; M. BIEBER, *The Sculpture of the Hellenistic Age* (1955), p. 21 sq., L. ALSCHER, *Griechische Plastik III* (1956), p. 147 ; S. KAROUZOU, 'Εθνικόν 'Αρχ. Μουσεῖον, Συλλογή Γλυπτῶν (1967), n° 216, p. 164 sq. Ces reliefs sont classés en général vers 320 av. J.-C. On peut distinguer un rendu peut-être plus souple, de meilleure qualité, sur la plaque n° 216, par rapport à la plaque n° 217. La figure du milieu de la plaque n° 216 (notre type) est haute de : 0,744 ; haut. de la tête : 0,101 (la figure à l'extrême dr. de la plaque n° 217 Haut. : 0,754 ; haut. tête : 0,105).

(6) Cf. W. H. SCHUCHHARDT, *Die Antike* 12 (1936), p. 99 sqq., qui date le relief d'après 325 ou de la première génération du IIIᵉ s. av. J.-C. ; S. CASSON, *Catalogue of the Acropolis Museum* II (1921), p. 240 sqq.,

antérieures[1] et une tendance à réagir contre celles-ci, ce qui caractérise le style de la fin du IVe siècle av. J.-C.[2]. Les formes assez figées des figures, à contours « fermés », le drapé d'une certaine raideur (formes et mouvement assez anguleux[3]) sont autant de traits de la dernière décennie du siècle. Le schéma de la Muse de Mantinée (comme d'ailleurs « les principes du drapé praxitélien » en général) donnera lieu à des variations[4] et des développements apparentés, comme ceux des deux « Herculanaises »[5]. Le type

Inv. n° 1338 (Base d'Atarbos) ; R. Horn, *Stehende weibliche Gewandstatuen* (*RM 2. Ergänzungsh.*, 1931), p. 16, pl. 4,1, et Muses : pp. 16 sq. 60 et 67, pl. 4,2 et 3 ; G. E. Rizzo, *op. cit.*, p. 86 sq. pl. CXXX-CXXXXII ; G. Bakalakis, Ἑλληνικά Ἀμφίγλυφα (1946), p. 89 ; J. Charbonneaux, *Grèce hellénistique* (1970), n°s 258-259 : « vers 330-320 av. J.-C. », décennie reconnue actuellement comme la date la plus probable.

(1) Comme antécédents : Corè de Vienne : R. Kabus-Jahn, *Studien zu Frauenfiguren des 4 Jahrh. v. Chr.* (1963), p. 10 sqq. ; l'Athéna d'Arezzo, cf. W. Amelung, *Führer durch die Antiken in Florenz* (1897), p. 256, n° 248 et *Die Basis des Praxiteles aus Mantinea* (1895), p. 17 sqq. ; G. E. Rizzo, *op. cit.*, pp. 93 sq. et 117 sq., pl. CXXXIII et CXXXIX ; aussi R. Carpenter, *Hesperia* 2 (1933), p. 69 sqq.

(2) Cf. R. Lullies-Hirmer, *Griech. Plastik* (1956), p. 25 ; G. Krahmer, *RM* 38/39 (1923/24), p. 159 ; cf. N. Yalouris, *ArchDelt* 22 (1967), p. 35 sq. : passivité du corps par rapport au mouvement contrastant du vêtement, ex. Muse aux flûtes de la base. Un courant rétrospectif a été détecté dans la sculpture de la fin du IVe s. av. J.-C., cf. R. Kabus-Jahn, *Studien...* (1963), p. 46 sqq., qui suggère que pendant cette époque apparaît une première tendance classicisante.

(3) Traits qui ont été parfois exagérés, cf. J. N. Svoronos, *op. cit.*, I, pp. 183 et 188 sq., et W. Vollgraff, *BCH* 32 (1908), p. 251 sqq., attitude sévère en général, qui a été modifiée par la suite, cf. C. Blümel, *Der Hermes eines Praxiteles* (1948), p. 47 : « Qualität über der grössen Menge der griechischen Reliefs des IV Jahr. v. Chr. » ; M. Bieber, *op. cit.*, p. 22 ; avis tempérés : G. Richter, *Handbook* (1960), p. 132 « somewhat perfunctory » ; R. Lullies dans K. Schefold, *Die Griechen u. ihre Nachbarn* (*Propyläen Kunstgeschichte* I, 1967), p. 193, fig. 113 b. Sur la différence du degré d'évolution entre les figures des Muses de la Base et les statues du monument de Daochos : R. Horn, *Gewandstatuen* (1931), p. 17.

(4) Types qui pourraient être considérés comme des variantes : *a*) Statue féminine au Musée de Berlin provenant de Tivoli, cf. R. Horn, *op. cit.*, pl. 14,1, pp. 18, 45, 63 (haute époque hellénistique) ; W. Amelung, *op. cit.*, p. 47 ; mêmes lignes fondamentales, pondération, grande oblique du bord supérieur de l'himation, gestes différents des bras ; *b*) Statue féminine du palais Doria (Inv. 1438), Rome ; BrBr 638/639 (Hekler, milieu du IVe s. av. J.-C.) ; G. Lippold, *HdArch* III, 1 (1950), p. 312, pl. 110,2 ; L. Alscher, *op. cit.*, III (1956), p. 194, n. 1, 129 ; R. Horn, *op. cit.*, p. 66, n. 7, « Einförmige Gespanntheit » (tête : « spätstüfe im Vorhellenismus ») ; R. Kabus-Jahn, *op. cit.*, p. 49 sq. (fin du IVe-début du IIIe s. av. J.-C.). Attitude et composition analogues, drapé beaucoup plus simple, schéma sévère, plis monotones ; contours du corps en parallélogramme. Voir aussi des types assez analogues à pondération inversée (réalisme du drapé, caractéristique vers 300) cf. L. D. Caskey, *Boston Museum Catalogue* (1925), p. 205, n° 121 (copie d'ép. romaine) et W. Amelung, *Die Skulpturen des Vaticanisches Museums* I (1903), p. 94, n° 77, pl. 13 ; une adaptation de ce même type, cf. G. Lippold, *Die Skulpturen des Vatic. Mus.* III, 2 (1956), p. 410, n° 5, pl. 174, 175 ; A. W. Lawrence, *Later Greek Sculpture* (1927), p. 49, pl. 88.

(5) Dont les variations du drapé se rapprochent de notre type ; la « Grande Herculanaise » a été considérée par G. E. Rizzo, *Prassitele* p. 91, comme reproduisant notre Muse de la plaque n° 216 « quasi in tutto, linea per linea » ; il ne s'agit pas, cependant, d'un schéma identique, mais d'une dérivation qui présuppose une évolution. Cf. L. Alscher, *op. cit.*, III, p. 194, n. I, 129 (Gr. Herculanaise) et p. 81 sqq., n. I, 130, fig. 26 (Petite Herculanaise), avec bibliogr. ; types généralement classés autour de 300 et considérés par l'auteur comme « les plus tardifs de la haute époque hellénistique ». Copies : An. Hekler, *Römische weibliche Gewandstatuen* (*Archäol. Studien dem Andenken A. Furtwänglers*, München 1909), p. 125 sqq. ; J. P. Johnson, *Lysippos* (1927), p. 154 sqq., pl. 26 et 27, et du même auteur *Corinth* IX, *Sculpture* (1931), p. 19 sq. n° 9 ; R. Horn, *op. cit.*, p. 26, pl. 8,3 « Neuformulierung ». Nombreuses copies et variantes par ex. R. Bartoccini, *Le Terme di Lepcis* (1929) (*Africa Italiana IV*), p. 170, fig. 186 A ; cf. aussi les répliques, cf. G. Kaschnitz-Weinberg, *Sculture del Magazzino del Museo Vaticano* (1937), p. 59, n° 104, pl. XXVI ; terres cuites : G. Kleiner, *Tanagrafiguren* (*JdI*, XV. Ergänzungsheft*, 1942), pl. 9 a, b, c, pl. 25 a, b, pl. 26 a. b, c ; R. Kabus-Jahn, *op. cit.*, p. 93 sq. ; G. Traversari, *Statue Iconiche Feminili Cirenaiche* (1960), n°s 36, 37, pl. XIX 1-2 ; n°s 34, 35, pl. XVIII, 2, 3 ; n° 38, pl. XX, et n°s 40, 41, pl. XXII ; El. Rosenbaum, *A Catalogue of Cyrenaican Portrait Sculpture* (1960), n°s 41, 160-163, pl. LXXIII ; n°s 57, 80, 164, 165, pl. LXXIV ; Au Musée National d'Athènes : n°s 3622, 1827, 219, 242, 707

de la statue représenterait, par rapport à son rendu et certains de ces détails, un développement semblable, constitué d'éléments qui appartiennent à une conception artistique différente[1].

Ainsi, en se limitant aux traits principaux, on note des variations dans l'attitude de notre bronze par rapport à celle[2] de la Muse : la jambe libre de celle-ci est plus écartée, pose qui accentue le hanchement, le contour de la partie supérieure du corps est différent, les bras forment de larges courbes[3] ; le geste du bras plié sur la poitrine est complètement passif, la main disparaissant sous le bourrelet du bord de l'himation. Aussi, malgré des ressemblances, le vêtement est traité différemment. Sur la Muse, simplicité et unité du drapé, lignes continues des plis d'un dessin plutôt abstrait[4], obéissant à un schéma idéal[5] ; sur le bronze, au contraire, ces mêmes lignes sont librement dessinées, visant au réel et au mouvement. Le drapé même semble être animé d'une agitation propre, les plans se superposent, les lignes s'interrompent ; l'étoffe (à plis durs et cassants par endroits) forme de grandes surfaces lisses[6] (revers), suggérant un climat de dépouillement qui semble être en rapport avec le caractère du personnage représenté[7].

D'autre part, indépendamment du style, des différences entre les deux documents comparés proviennent de la transposition sur un vêtement masculin du drapé couvrant un corps féminin[8]. Un tel exemple de simplicité masculine, sur un type en relation

(cf. pour les deux premiers, S. KAROUZOU, *Catalogue des Sculptures du Musée National* (1967) (en grec) ; M. BIEBER, « The Copies of the Herculaneum Women », *Proceedings of the Amer. Philos. Society* 106, n° 2 (1962), p. 111 sqq. ; S. KARUSU, *AM* 84 (1969), p. 148 sq., pl. 69-76 et surtout p. 151, n. 34 (relation des deux types entre eux et avec le relief de Mantinée) ; D. G. MITTEN et S. F. DOERINGER, *Master Bronzes...* (1968), n° 264 (exemple d'adaptation tardive).

(1) Des changements analogues se rapportant au style s'opèrent sur les nombreux exemples de statues d'époque hellénistique qui dépendent de types classiques, cf. par ex. la statue d'« Hippocrate » provenant de Cos, R. LULLIES-HIRMER *op. cit.*, n° 252, adaptation de la seconde moitié du IIe s. av. J.-C., d'un type classique. Des motifs classiques sont également utilisés dans des œuvres hellénistiques de conception originale; exemple : la statuette de bronze d'Asclépios à Cincinnati, du IIIe s. av. J.-C. : M. BIEBER, *Antike Plastik* X (1970), p. 55 sqq., pl. 46-50.

(2) Mais le caractère général de l'attitude reste le même, cf. *EAA* VI, *s.v.* « Prassitele », p. 428, « ritmo gravitante ».

(3) Au contraire, ces lignes de la partie supérieure du bronze se rapprochent de la verticale ; rendu « étriqué ».

(4) Cf. R. KABUS-JAHN, *op. cit.*, p. 93 « netteté géométrique », à propos des créations attiques post-praxitéliennes. Calligraphie des plis et symétrie, par exemple, lignes du bourrelet sur les deux côtés du cou. Aussi la ligne du bord supérieur de l'himation qui ne décrit pas une oblique, mais deux courbes légères dans un sens opposé.

(5) Cf. à ce propos, C. BLÜMEL, *Der Hermes eines Praxiteles* (1948), p. 47 sq. (analyse et datation du relief de Mantinée par rapport au style de la draperie d'Hermès ; Ch. MORGAN, *ArchEph* (1937), 1 p. 63 sqq., G. DICKINS, *BSA* 21 (1914-1916), p. 8, pl. I.

(6) Le revers de la statue, au rendu simplifié, se rapproche de la disposition du drapé de cette partie sur les Herculanaises, et surtout au revers de la Grande Herculanaise (en tenant compte de la différence de matière).

(7) Schéma de caractère sévère du drapé des philosophes en général (« cyniques », etc.).

(8) Par rapport à la Muse, différences importantes du point de vue des proportions, ainsi que du drapé qui dérive (sur celle-ci) de la dualité du vêtement, chiton-himation, et de leur opposition. Aussi grande verticale (absente sur le bronze) décrite par le bras gauche de la Muse et le prolongement du manteau ; le contour apparent du côté gauche de la taille ajoute un trait de féminité et de grâce. En général, le schéma de la Muse montre une prépondérance de verticales, dans la partie inférieure (bas du chiton). Une simplicité plus grande caractérise les figures masculines contemporaines de la Base et « parallèles » aux types des Muses, par ex. statuette (en

avec celui de la Muse, est fourni par le relief votif n° 3424 du Musée National[1] (pl. VII, 2). L'homme qui se détache en haut relief est simplement drapé dans l'esprit classique, l'himation suivant étroitement le contour du corps ; bourrelet supérieur et pan sur le côté gauche sont massifs, encadrant le corps d'un seul jet. Articulation nette des surfaces, tendance à unifier les détails en un ensemble de composition claire, sont manifestes.

Le type de notre bronze appartient donc à la dernière phase du second classicisme et nous oriente vers les pièces caractéristiques de la haute époque hellénistique, comme le montrent le contour de l'himation s'élargissant dans la partie inférieure en une forme trapézoïdale, ainsi que les détails significatifs comme les arrêts brusques des plis, les larges surfaces calmes, les plis courts et rectilignes provenant du pliage[2] de l'étoffe et l'« agitation du drapé »[3] en général. La figure de Socrate du Musée Britannique (cf. p. 6, n. 8), par sa robustesse et son réalisme, semble être un précurseur de ces figures hellénistiques de philosophes d'âge avancé, dont la statuette de bronze dite d'« Hermarchos » au Metropolitan Museum de New York[4] (pl. VIII, 1) représente une étape stylistique très proche de notre document, aux analogies évidentes : pose lourde (le poids portant sur les deux jambes), simplicité d'enveloppement lâche

---

marbre) de Socrate au Brit. Mus. : ArBr 1049/50 ; R. Horn, *op. cit.*, pp. 16 et 95 sq., K. Schefold, *Die Bildnisse...*, p. 84 et p. 206, fig. 85 ; H. B. Walters, *JHS* 45 (1925), pl. 10-13, p. 255 sqq. ; L. Alscher, *Griechische Plastik* III (1956), p. 193 n. I, 129 (concentration des formes sur la face, trait pareil sur notre bronze) ; C. Weickert, *Festschrift J. Loeb* (1930), p. 107, fig. 6 ; E. Schmidt, *JdI* 47 (1932), p. 259, n. 1 ; H. K. Süsserott, *Griechische Plastik des 4 Jahr. v. Chr.* (1968), p. 174, n. 168, pl. 35, 4 ; M. Richter, *The Portraits of the Greeks* I (1965), p. 116, fig. 560-562, a ; du même auteur, *Greek Portraits* II (*Coll. Latomus*, XXXVI, 1959), p. 24 sq., pl. XI, fig. 36 ; M. Bieber, *The Sculpture of the Hellenistic Age*[2] (1961), p. 47, fig. 138-139.

(1) Provenant de l'Asclépieion d'Athènes ; (h. du relief : 0,316), h. de la figure : 0,213) ; rendu assez sommaire, et surface endommagée. Daté approximativement du dernier quart du IVᵉ s. av. J.-C. ; il s'agit probablement d'une figure d'adorant ; à sa droite sont conservées les traces d'une figure voisine, de plus grandes dimensions (divinité ?). La tête de l'adorant est intentionellement brisée (ces dommages sont fréquents sur les reliefs votifs de l'Asclépieion, cf. S. Karouzou, *Catalogue des Sculptures* [1967], p. 138, [en grec]). La surface de la main gauche (probablement recouverte) est arrachée, ainsi qu'une partie du pan du bourrelet supérieur. Des schémas apparentés comportant des variations comme par ex. la statue d'un enfant à himation, ex-voto provenant d'Oropos (cf. V. Pétrakos, Ὁ Ὠρωπός καί τό ἱερόν τοῦ Ἀμφιαράου [1968], p. 119, n° 6, pl. 31, b ; fin du IVᵉ s. av. J.-C.) sont de type fréquent dans les sanctuaires de dieux guérisseurs.

(2) Ces plis qui sont formés indépendamment de la pesanteur du tissu, dits « plis d'armoire », se distinguent à la hauteur de la cuisse droite, au bas-ventre, sur le côté droit de celui-ci, et à l'avant du bras droit. Des plis courts semblables incisés en ligne droite, sont déjà épars sur la surface du relief n° 1005 du Musée National (daté avant 307 av. J.-C.) : cf. S. Karouzou, *op. cit.*, p. 125 ; aussi B. Neutsch, *Studien zur Vortanagräisch-attischen Koroplastik* (*JdI*, XVII, *Ergänzungsh.*, 1952), p. 32, pl. 20,2. Ces plis sont notés aussi sur les Herculanaises, par exemple, Petite Herculanaise, Mus. Nat. n° 1827 (face, partie inférieure).

(3) « Nervöse Unruhe » du drapé, caractère du « style nouveau », cf. W. H. Schuchhardt, *Die Epochen der Griechischen Plastik* (1959), p. 120, fig. 84.

(4) Au Musée de New York (n° 10.231.1) ; ArBr 1123 ; R. Delbrueck, *Antike Porträts* (1912), p. 38 sq., fig. 13, pl. 26 ; G. Lippold, *Griech. Porträtstatuen* (1912), p. 82 ; G. M. A. Richter, *Greek, Etruscan, and Roman Bronzes, Metrop. Mus. of Art* (1915), n° 120, p. 70, Hermarchos (?) ; W. R. Lethaby, *AJA* 22 (1918), p. 340 ; K. A. Neugebauer, *Antike Bronzestatuetten* (1921), p. 91 sq., pl. 50 ; E. Pfuhl, *JdI* 45 (1930), p. 59 sq. ; G. Krahmer, *RM* 46 (1931), p. 141 n. 2 ; A. Rumpf, *DLZ* 53 (1932), p. 168 (Metrodorus) ; K. Schefold, *op. cit.*, p. 124-125, n° 4 (Metrodor, original des « späteren 3 Jahr. ») ; G. Lippold, *HdArch* III,1 (1950), p. 337, n. 13 ; G. M. A. Richter, *Handbook of the Greek Coll. Metrop. Mus.* (1953), p. 124 sq., n. 31, pl. 103, a ; M. Bieber, *op. cit.*, p. 68, fig. 230-31 ; G. M. A. Richter, *Greek Portraits* IV (*Latomus* LIV, 1962), p. 40 sq., pl. XXI, fig. 50, 51 ; du même auteur, *The Portraits of the Greeks* II (1965), p. 199, fig. 1220 (tête) Épicure (?) ; J. Charbonneaux - R. Martin - Fr. Villard, *Grèce hellénistique* (1970), n° 265, Hermarchos (?).

(himation, vêtement unique), drapé libéré du corps, de caractère naturaliste[1]. Ce sont les formes larges, à grands plis mouvants et souples de la haute période hellénistique[2] (voir le drapé des « Cyniques » du IIIe siècle av. J.-C.[3]), où se trouvent associées ces tendances de caractère naturaliste et de mouvement. Par la suite, la confrontation du bronze à une statue virile, drapée, provenant de Samos[4], au Musée de Tigani (de schéma différent), fait ressortir les affinités stylistiques que présente notre pièce avec les formes de la pleine période hellénistique : vêtement large et riche, disposition mouvementée de l'himation (en directions variées et en profondeur), traces de « geste pathétique », « entrecroisement des axes »[5], jeu du clair-obscur, qui sont autant d'éléments communs, traités cependant, sur notre bronze, avec une liberté de conception et de disposition[6] plus limitée que celle que déploie la figure samienne.

Des détails du drapé, notés plus haut, comme quelques plis durs à dos parfois

---

(1) Traits notés par G. LIPPOLD, *op. cit.*, p. 337 : « Zufälligkeit u. Schlichtheit », relativement au drapé d'« Hermarchos » et de « Zénon » du Capitole.

(2) Ces détails se rencontrent en dehors du cercle de ces figures comme par ex. sur la figure de Nikokleia de Cnide (LULLIES-HIRMER, *Griechische Plastik* [1956], n° 231, p. 77) au Musée Britannique, qui montre également ces mêmes traits de la haute époque hellénistique, comme le contraste des lignes du drapé en obliques qui s'entrecroisent, mais aussi son expansion en largeur (cf. G. DONTAS, *ArchDelt* 21 [1966], p. 91) ; traits analogues à ceux de notre document, léger mouvement du corps (jambe droite et bras droit) recouvert par la masse compacte du vêtement à surfaces et plis analogues, et datation de Nikokleia par l'inscription : milieu env. du IIIe s. av. J.-C. L'acuité du dessin (certains plis à dos étroits) du drapé de notre bronze se retrouve sur la statuette de bronze de la Collection Baker de New York (cf. D. B. THOMPSON, *AJA* 54 [1950], p. 371 sqq., fig. 1-3 et 11) datée du IIIe s. av. J.-C. (mais très avancé).

(3) Philosophes hellénistiques, comme par ex. la copie d'un « cynique du Musée Capitolin de Rome, cf. K. SCHEFOLD, *op. cit.*, p. 122 « um 240 » : figure relative par rapport à l'attitude et le caractère « momentané », ainsi que par le rendu mouvementé et réaliste de la surface du vêtement (aussi « plis d'armoire ») ; retombée tubulaire du pan sur le côté gauche, en niveaux successifs, BrBr 430, ArBr 327-29 ; H. STUART JONES, *Museo Capit. Catalogue* (1912), p. 347 n° 8, pl. 86 ; A. HEKLER, *Bildniskunst der Griechen u. Römer* (1912), pl. 112, b ; E. PFUHL, *loc. cit.*, p. 56 ; L. LAURENZI, *Ritratti Greci* (1941), n° 79, pl. XXXI, XXXII ; G. LIPPOLD, *HdArch* III, 1 (1950), p. 337, n. 12, pl. 106, 4 « Zénon » ; G. M. A. RICHTER, *The Portraits...* II (1965), fig. 1074, p. 185 (1re moitié du IIIe s. av. J.-C.), Menippos ; HELBIG, *Führer*³, n° 877. A ce groupe appartient le dit « Zénon » de la Glyptothèque de Munich : ArBr 330 ; A. FURTWÄNGLER, *Beschreibung der Glyptothek König Ludwig's* I (1910), p. 313, n° 288 ; Fr. STUDNICZKA, *Artemis u. Iphigenie (Abhandl. Philol.-Hist. Kl. d. Sächsischen Akad. d. Wissensch. XXXVII*, N° V, 1926), pp. 107 sqq., fig. 85 (où le rendu du drapé est rapproché de celui de la Muse de Mantinée) ; K. SCHEFOLD, *op. cit.*, p. 210 ; RICHTER, *op. cit.*, fig. 1075. Le torse de Munich a un drapé plus calme, en lignes droites qui semble correspondre au « schlichter Stil », cf. E. PFUHL, *loc. cit.*, p. 58 sqq. : subordination des détails réalistes aux lignes principales se rencontrant à angles droits.

(4) Cf. R. HORN, *Samos XII : Hellenistiche Bildwerke auf Samos* (1972), pp. 14 et 86 sq., n. 23, n° 7, pl. 20-22, Beil. 4 « hochhellenistische Periode (210-160) v. Chr. », avec bibl. antérieure. Ici, l'enveloppement est beaucoup plus large et plus riche d'où ressortent seuls quelques points vitaux du corps.

(5) Figure très rapprochée de la précédente : le philosophe de Boscoreale (peinture murale) : cf. K. SCHEFOLD, *Die Bildnisse...*, p. 132, « Menedemos von Eretria ? » (Villa de Boscoreale près de Pompéi) Naples Mus. Nat. (première moitié du IIIe s., copie « um 40 v. Chr. »).

(6) Les lignes principales de la composition sont analogues : ligne presque horizontale des épaules ; grande courbe formée par le drapé qui part de l'épaule droite et atteint le genou gauche (sur notre document, elle naît de la main droite et atteint le bas du torse). Samos : lignes horizontales vers le milieu du corps (avant-bras), sur notre document : plis horizontaux au niveau des hanches. Les plis obliques, des pans sur le côté gauche du corps se répètent sur les deux statues (cf. HORN, *op. cit.*, pl. 21, b). Sur notre statue, ces traits du style hellénistique sont rendus sans le mouvement « pompeux » ni le « pathétique » de l'exemplaire samien ; aussi des détails sont parfois plus secs, comme le pli « en œil » formé sur la poitrine, qui se retrouve, mais sous une forme libre et souple au niveau du coude de la statue samienne.

légèrement aplatis, montrent un début de schématisme[1] (contraire à la nature de l'étoffe) et de fixité des formes, qui correspondent probablement à un certain affaiblissement des valeurs plastiques vers la fin de la période hellénistique. La vivacité concentrée plutôt sur le visage, ainsi que le manque de « tension »[2], qui se fait sentir sur le corps et la tête de notre figure, témoignent également en faveur de cette période, *grosso modo*, la première moitié du Ier siècle av. J.-C.

Dans la même région d'où provient notre bronze, c'est-à-dire le Sud-Est méditerranéen, la production artistique du centre rhodien aux IIe et Ier siècles av. J.-C. pourrait nous fournir des termes de comparaison, relativement aux traits artistiques qui étaient en honneur au moment de la création de notre document. Ces derniers apparaissent sur un groupe de statues masculines drapées, du Musée de Rhodes, provenant de Cos[3], où l'on voit bien l'évolution des schémas et du rendu du vêtement vers la fin de l'époque hellénistique : frontalité de plus en plus stricte, équilibre du poids du corps (malgré un léger hanchement, pieds posés à plat sur le sol), « esprit de mesure » dans la construction et le drapé. Des dérivations de schémas du IVe siècle av. J.-C.[4] sont utilisées pour la plupart d'entre elles, mais le rendu du drapé progressivement[5] appauvri devient de plus en plus sec et dur. La rigidité croissante est très sensible si l'on se réfère à la statue de jeune homme, inv. n° 13578[6] au Musée de Rhodes, qui pourrait prendre place en tête de file de ces documents, car les caractères du style hellénistique y sont encore en pleine vigueur. Son schéma présente des analogies avec notre bronze : attitude, composition du drapé (rencontre d'obliques formées par les plis qui s'entrecroisent) et, en dépit d'une corporéité plus forte et d'une plus grande profondeur de la figure, même effet pictural obtenu par les creux, le relief et le vallonnement du tissu comportant des froissements analogues de la surface. La statue-portrait inv. n° 13618[7] est plus proche de notre document. Le vêtement assez épais dissimule le corps presque entièrement, l'impression de profondeur étant obtenue ici par la superposition des parties de l'himation (face), plutôt que par la corporéité de la figure. Malgré le mouvement, tout hellénistique, de la surface, on note une simplification des détails et une certaine raideur qui caractérisent fréquemment le style du Ier siècle av. J.-C., période à laquelle remonterait aussi l'exécution de notre statue. L'effet de clair-obscur ainsi que le relief des plis ne sont pas affaiblis, mais le modelé est beaucoup moins nuancé[8] que celui de la

---

(1) Ce schématisme de plus en plus fort caractérise aussi les reliefs de basse époque hellénistique de l'Asie Mineure.

(2) Cf. L. ALSCHER, *Griechische Plastik* IV (1957), p. 234 n. 34 (comme caractéristique de la première moitié du Ier s. av. J.-C.).

(3) L. LAURENZI, *Clara Rhodos*, V 2 (1932), p. 75 sqq., fig. 5 et 9, pl. IV ; p. 106 sqq., fig. 14-20.

(4) *Ibid.*, p. 75. Ici pourrait être classée la figure d'« Hippocrate » de Cos, *ibid.*, p. 71 sqq., pl. II-III ; cf. ci-dessus, p. 6, n. 1.

(5) Aussi « manque du sens dynamique et du pittoresque que donnent la plus grande profondeur et la richesse des volumes » : *Cl. Rh.*, V 2, p. 106, statue inv. n° 13619, fig. 14.

(6) *Ibid.*, p. 75 sqq., pl. IV-VI ; L. LAURENZI, *Ritratti Greci* (1968), n° 88, pl. XXXIV, XXXV, p. 127, où sont notés le dynamisme et les traces du baroque, mais aussi l'amoindrissement de l'agitation des masses par une « delineazione precisa dei contorni e dall'aspetto fermo del particolare minuto », caractères qui correspondent à ceux du bronze.

(7) *Cl. Rh.*, V 2, p. 87 sqq., fig. 5-7 (Ier s. av. J.-C.).

(8) Le traitement vise essentiellement au réalisme.

figure n° 13578 (correspondant là à l'idéalisation du visage) et en accord avec la tête-portrait qui couronne la statue. Une troisième statue-portrait (inv. n° 13576[1]) appartient à la dernière étape de cette évolution. Ici le corps, recouvert par l'himation, se présente en un bloc privé de vie plastique ; quant au drapé, la « simplificazione è già divenuta stilizzazione »[2].

A l'étude du corps (schéma et rendu), se rattachant au courant hellénistique, l'analyse de la tête de notre bronze apporte plusieurs éléments nouveaux. En dehors du type, l'impression première produite par le traitement incline dans la même direction : modelé, agitation de la surface du visage et son expression, pittoresque encore vif de la coiffure au rendu fluide. Du point de vue du style, on pourrait citer comme antécédent, et des plus directs, la tête du jeune « jockey », en bronze, au Musée National d'Athènes[3] (pl. XVI). Il est évident ici que le mouvement violent qui imprègne la masse charnue du visage et la « force motrice »[4] qui l'anime sont propres à cette tête, les traits communs se réduisant au modelé mouvementé et « inquiet » et aux vifs contrastes du clair-obscur[5]. On note un même souci de rendre les formes enfantines[6], ainsi que l'articulation analogue des visages, dont les points importants sont le vallonnement du front, la ligne des sourcils, les plis de la région labio-nasale et la forme du menton. Cependant les surfaces du visage du « jockey » (joues, front) sont largement traitées à contours imprécis[7], gonflées et animées d'un dynamisme intérieur, tandis que le modelé du nôtre est plus faible, d'un aspect en général plus calme à plans strictement délimités. La bouche est également gonflée, mais l'expression des formes s'est apaisée. Le rendu de la coiffure suit un principe analogue : d'une part, mèches individuellement dressées, agitées, dans un entremêlement libre, et d'autre part le relief plus plat de notre bronze, à détails, en grande partie, linéaires. Les traits du style hellénistique[8] se retrouvent donc, sur la tête du bronze d'Hiérapétra, mais avec un rendu légèrement différent et comme affaibli. Une relation formelle analogue unit la tête de notre statue au portrait délien en bronze du Musée National[9] (provenant

---

(1) *Cl. Rh.*, V 2, p. 92 sqq., fig. 9 (i[er] s. ap. J.-C.).

(2) *Cl. Rh.*, V 2, p. 92 — (plis aplatis, forme peu naturelle pour un manteau de laine).

(3) Cf. R. BIANCHI BANDINELLI, *Storicità dell'arte Classica* (1950), pl. 42-43, fig. 82 et 83 (daté là, de 140-130 av. J.-C.) ; L. ALSCHER, *op. cit.*, p. 122 sqq., pl. 53, a et 53, b (dernier quart du IIe s. av. J.-C.) avec bibliographie antérieure ; G. M. A. HANFMANN, *Dumbarton Oaks Papers* 17 (1963), p. 91, fig. 33 ; du même auteur, *Classical Sculpture* (1967), p. 329, fig. 232-233 ; J. CHARBONNEAUX - R. MARTIN - Fr. VILLARD, *op. cit.*, n° 342, p. 397 : seconde moitié du IIe s. av. J.-C. ; B. KALLIPOLITIS, *ArchAnAth* 5 (1972), p. 419 sqq.

(4) Cf. H. WALTER, *AM* 76 (1961), p. 150, Beil. 80,1.

(5) Les valeurs du clair-obscur et leur rôle chromatique, éléments vivants de l'art du portrait hellénistique, seront transmis et persisteront pendant longtemps, non seulement en sculpture, mais aussi dans la peinture du i[er]-IIe s. ap. J.-C., sur les peintures murales romaines, cf. W. DORIGO, *Pittura tardoromana* (1966), p. 35, fig. 11 ; A. MAIURI, *La peinture romaine* (1953), p. 68, pl. 67 : « touches vibrantes et lumineuses » qui donnent à la peinture « toute la force plastique d'une œuvre de bronze ».

(6) Traits de la petite enfance, cf. N. BERTOS, *ArchDelt* 10 (1926), *Suppl.* p. 93, fig. 4-6, « enfant qui n'a pas plus de dix ans » ; traits étrangers, type d'un « métis » (?), *ibid.*, p. 95 (toutefois tendance à l'exotique).

(7) Exemple par excellence du « réalisme fluide » de l'époque hellénistique, cf. R. BIANCHI BANDINELLI, *op. cit.*, p. 192.

(8) Cf. C. MICHALOWSKI, *EAD*, XIII : *Les portraits hellénistiques et romains* (1932), p. 4 sqq.

(9) Inv. n° X.14612, Mus. Nat., cf. C. MICHALOWSKI, *EAD* XIII, p. 1 sqq., pl. I-VI, fig. 1-2 ; L. ALSCHER, *Griech. Plastik* IV (1956), p. 155 sq., fig. 76, avec bibliogr. antérieure ; G. HAFNER, *Späthellenistische Bildnisplastik* (1954), p. 30, MK 2, pl. 10 ; datée pour la plupart du début du i[er] s. av. J.-C. ; R. LULLIES-HIRMER,

d'une statue drapée) qui appartient également à une étape plus ancienne. Cette tête présente une pareille articulation des plans du visage[1] (qui produit un effet coloriste), ainsi qu'une structure robuste (la partie charnue bien développée), l'expression passionnée étant moins intense[2] dès cette époque. Les yeux peu enfoncés, la bouche molle, sont communs aux deux œuvres, et au détail réaliste de la veine saillante sur la tempe droite du bronze délien répond le grain de beauté à la pommette gauche de notre bronze ; l'absence cependant du « rythme contrarié », ainsi que l'expression devenue mélancolique sur le visage enfantin, au modelé plus uni, se rapportent à un style plus récent[3]. A ce dernier correspondent des détails mineurs du rendu de notre tête, comme les bords durs et coupants des paupières (la paupière supérieure plus longue, chevauchant l'angle extérieur de l'œil), ainsi que le contraste très apparent entre le rendu assez dur et linéaire des yeux (placés à fleur de tête) et le modelé développé et mobile du visage.

Nous nous rapprocherons beaucoup plus du style de notre portrait, avec deux têtes de la tradition hellénistique tardive (vers la première moitié du Ier siècle av. J.-C.), provenant de Samos, la tête virile n° 2516 du Musée du Louvre[4] et une autre tête de même provenance, actuellement perdue[5] (pl. VIII, 2). La première, datée de la fin du IIe siècle ou de la première moitié du Ier siècle av. J.-C., à larges pommettes, correspond à la nôtre pour la construction, l'asymétrie des deux moitiés du visage, le rendu de la région des yeux, certains détails linéaires (rides encerclant le cou, par exemple). Toutefois, le type de la tête, son mouvement violent, l'idéalisation du visage (au large modelé), le pathétique (bouche ouverte), l'apparentent encore à certaines œuvres de la haute époque hellénistique.

L'autre tête, portrait d'un homme d'âge mûr, dans le même courant stylistique que la précédente, est beaucoup plus proche de notre document et représente, par rapport à lui, un élément comparatif de première importance. Mises à part quelques différences qui peuvent être attribuées au large écart d'âge entre les sujets représentés,

---

Griech. Plastik (1956), n° 258, p. 83 sq. : « im frühen 1 Jahrh. v. Chr. » ; S. Karouzou, *Catalogue* (1967), p. 184 (« vers 100 av. J.-C. ») ; J. Marcadé, *Au Musée de Délos* (1969), p. 88 sq., p. 89, n. 3 : « seconde moitié du IIe s. av. J.-C. » ; J. Charbonneaux - R. Martin - Fr. Villard, *op. cit.*, n° 326, « vers 100 » p. 397.

(1) Cf. G. Hafner, *op. cit.*, p. 31 : « Kleinteilig » (à propos de l'articulation du visage).

(2) L'affaiblissement du dynamisme est déjà sensible ; la contraction des sourcils exprime « un être prisonnier de la situation » : L. Alscher, *op. cit.*, p. 156, fig. 77, n. 30, à propos du portrait du Palais des Conservateurs à Rome (ArBr 887-888), de conception analogue ; cf. Stuart Jones, *Palazzo dei Conservatori* (1968), *Fasti moderni* I n° 8, p. 70, pl. 24.

(3) Aucun détail de rendu linéaire sur la face du bronze délien (par ex. contour des lèvres, sillon nasal, etc.). Le conduit acoustique est plus profond que celui de notre bronze (dilatation analogue des narines). Par contre, l'élément linéaire se distingue aux mèches des cheveux (incisions), ainsi qu'aux poils des sourcils.

(4) Cf. H. Walter, *op. cit.*, p. 149 sqq. Beil. 78, 79, 80, 2 avec bibliogr. antérieure ; J. Schäfer, *Antike Plastik* VIII (1968), p. 62 n. 32 ; R. Horn, *Hellenistische Bildwerke auf Samos* (*Samos* XII, 1972), n° 75, p. 108 et p. 42, pl. 53, où sont fortement marqués les caractères du « Späthellenistisch » ; J. Charbonneaux, *La sculpture grecque et romaine au Musée du Louvre* (1963), p. 61, n° 2516 (« tête féminine » : mention erronée).

(5) Provenant de l'Héraion samien ; elle appartenait à une statue drapée, cf. G. Hafner, *op. cit.*, p. 36 M.K 9, pl. 12 (classée au milieu du Ier s. av. J.-C.) ; E. Buschor, *Das hellenistische Bildnis*, p. 43, fig. 36 ; R. Horn, *op. cit.*, n° 65 p. 28 sq. et p. 104, pl. 47, Beil. 6 : « ins erste Viertel des I Jahr. v. Chr. ». L'auteur remarque le mélange d'une certaine brutalité et de mélancolie ; en ce qui concerne le type du visage aux traits forts, il remarque : « habitant d'Asie Mineure ou Oriental ? »

il existe entre ces deux œuvres une réelle analogie de type et de style. Construction osseuse analogue, yeux également peu enfoncés et rapprochés, sous les fortes arcades sourcilières, irrégularité des deux parties du visage, rendu analogue mais un peu plus sec de la tête samienne, expression similaire, quoique plus accentuée sur notre document (moue de la bouche et forte contraction des sourcils). En conséquence, la contemporanéité de ces documents semble assurée et leur provenance insulaire commune pourrait expliquer dans une certaine mesure leur parenté stylistique (comme par exemple les surfaces vibrantes des joues et les lèvres proéminentes).

Les affinités notées entre notre portrait et ceux de l'ambiance nésiotique[1] ne s'étendent guère au groupe de têtes de basse époque hellénistique, provenant de Rhodes, où déjà à partir de la seconde moitié du IIe siècle av. J.-C. s'affirme la « tendance à réagir contre le dynamisme coloriste du baroque »[2] et dont les principaux caractères relatifs à l'art du portrait, à savoir, la reprise des formes classiques, la facture des visages à larges surfaces calmes (sans plans multiples), une égalisation des détails[3], sont étrangers à notre bronze. On ne peut, cependant, ignorer quelques rapports de traitement[4], dus à la production sculpturale de ces centres pendant l'époque hellénistique tardive, alors qu'une répartition des portraits par ateliers locaux ou « écoles », malgré les études consacrées à ce sujet, reste assez problématique[5]. Ainsi la « douceur des passages »[6] du modelé et l'expression de certaines têtes rhodiennes rappellent parfois des œuvres appartenant au courant insulaire asiatique.

Un document des plus significatifs dans l'analyse des parallèles est la tête no 320 du Musée National[7] (pl. IX et X), classée dans l'ambiance athénienne. Cette face

(1) Où l'on doit mentionner aussi l'exemple d'une tête virile provenant de Chypre au Metrop. Museum (*Handb. Cesnola Coll.* no 1323), cf. O. VESSBERG et A. WESTHOLM, *The Swedish Cyprus Expedition*, IV, 3 (1956), p. 96 sq., pl. XIV, 1 (traits de basse époque hellénistique et autres traits caractéristiques du portrait romain, milieu du Ier s. av. J.-C.).

(2) L. LAURENZI, *Ritr. Greci*, no 96, p. 130, pl. XXXIX.

(3) Pour cette conception du portrait, cf. l'analyse par L. LAURENZI (*Clara Rhodos*, V 2, p. 80 sqq.) des portraits d'adolescents fig. 1-2, 3-4, et fig. 8, la tête fig. 3-4 étant la plus rapprochée par l'expression de notre document. Pour les caractères de l'art du portrait rhodien au Ier s. av. J.-C., cf. A. GIULIANO, « La Ritrattistica dell'Asia Minore dall'89 al 211 d. c. », *Riv. Ist. Naz. d. Arch. e Storia dell'Arte* N.S. 8 (1959), p. 150 sqq.

(4) Et de l'expression, comme la tête d'enfant du Musée de Venise, Inv. no 361, cf. C. ANTI, *Il Museo Archeol. di Venezia* (1930), p. 106 no 18 ; F. POULSEN, *Probleme der römischen Ikonographie* (1937), p. 9 no 3 (fig. 7-8) ; G. HAFNER, *op. cit.*, p. 17, « aus dem Bereich der rhodischen Kunst », R. 11 ; E. BUSCHOR, *Bildnisstufen*, p. 158, fig. 71, « Kurz vor der grossen Zeitwende » ; L. LAURENZI, *Ritratti*, no 97, pl. XXXIX, XLI, p. 130 (datation beaucoup plus haute), « parte di statua funeraria » (?) ; ainsi que la tête : G. HAFNER, *op. cit.*, R 9 déjà rapprochée (n. 3). Cf. aussi H. v. HEINTZE, *Die antiken Portraits im Schloss Fasanerie bei Fulda* (1968), p. 8 sq., no 6, pl. 10, 11, 103 b : une certaine analogie du rendu des yeux, de la bouche et de l'expression du « gedämpften Pathos » ; ce document est rapproché par l'auteur à celui de Samos (cf. plus haut p. 11, n. 5 que nous avons mis en étroite relation avec notre portrait.

(5) Cf. A. GIULIANO, *Archeologia Classica* 8 (1956), p. 108, à propos des distinctions et des groupements par centres, de la sculpture hellénistique tardive : G. HAFNER, *op. cit.*, et en dernier lieu : J. MARCADÉ, *Au Musée de Délos* (1969), p. 249 sqq.

(6) G. HAFNER, *op. cit.*, p. 17 et R 16 p. 21 sq., à propos du portrait rhodien Inv. 1965, cf. R. P. HINKS, *Greek and Roman Portrait Sculpture, Brit. Mus.* (1935), p. 15 sqq., fig. 17 ; aussi A. GIULIANO, *loc. cit.*, p. 153, no 9, fig. 4 ; pour la tête de Venise, C. ANTI *(loc. cit.)* mentionne cette relation avec l'art de l'Asie Mineure.

(7) ArBr 885-886 ; Fr. POULSEN, *Ikon. Miscellen* (1921), p. 35, pl. 16 ; E. BUSCHOR, *Das Hellenistische Bildnis* (1949), pp. 46, 65 fig. 38, avec bibliogr., qui date la tête du second quart du Ier s. av. J.-C. « ein Athener

virile, au « pathétique »[1] tempéré, présente une pareille épaisseur d'enveloppe charnelle, ainsi que la fluidité et l'aspect linéaire des détails de la coiffure, l'irrégularité du visage[2] et la dissymétrie des yeux (rendu identique de la bouche, regard baissé vers la droite, contraction des sourcils). La tête athénienne montre moins de sécheresse dans les détails (par exemple, les paupières), une variété plus riche du modelé, qui rend la peau relâchée par l'âge, et une grande qualité de traitement. Dans la chevelure, de travail inégal, les mèches frontales sont pareillement traitées ; quant à l'expression, elle est différente et moins marquée[3].

En marge de ces traits, on discerne sur la tête du garçon un certain graphisme des détails[4], où se trahissent la décomposition et le raidissement des formes qui, dès le milieu du IIe siècle av. J.-C., commencent à perdre leur force expressive. Ce processus sera accéléré dans le cours du Ier siècle av. J.-C., apportant les premiers « accents de linéarisation des détails physionomiques »[5] dans la tendance de retour au classique, avec parfois une morbidesse de modelé persistante. Malgré ces accents et son réalisme[6], notre bronze est complètement libre du rendu sec[7], de l'ensemble

---

mit hängendem Stirnhaar » ; B. Schweitzer, *Die Bildniskunst der Römischen Republik* (1948) (C. Caldus-Gruppe) p. 72, fig. 81 ; l'auteur distingue une « première influence » des portraits officiels romains (« stadt-römische ») sur ce portrait et le date de la première moitié du Ier s. av. J.-C. ; H. Möbius, *ArchEph* 1953-54, p. 208 sq., pl. I, 8 ; Ev. B. Harrison, *The Athenian Agora I, Portrait Sculpture* (1953), p. 11 n. 3, « the style has grown hard and linear... some time before the middle of the century » ; E. Buschor, *Das hellen. Bildn.*² (1971), Kat 189, fig. 48.

(1) G. Hafner, *op. cit.*, p. 68, A 15 (du groupe « pathétique ») : pièce de haute qualité, sans aucune influence romaine.

(2) G. Hafner note « l'éloignement de la symétrie et de l'entrecroisement exact des axes », *op. cit.*, p. 68, dans la construction du visage. Même déviation sur notre bronze de l'axe vertical. L'arrière de la tête athénienne est très sommairement travaillé jusqu'à l'oreille droite, contrairement au travail très poussé de la coiffure sur la face et le côté gauche, ce qui indique que la tête était faite pour être vue de trois-quarts gauche. D'ailleurs l'expression et la direction du regard l'indiquent clairement (pl. X, en bas, à droite).

(3) Proche de celle de la tête délienne (Mus. Nat., Inv. no X 14612). Relativement à son classement déjà, A. W. Lawrence (*op. cit.*, p. 34 sq., pl. 59, b) l'associe « au style délien finissant » ; cf. O. Vessberg, *Studien zur Kunstgeschichte der römischen Republik* (1941), p. 215, pl. XLVII, 3-4 et p. 273, groupe « Kleinasiatisch-Hellenistisch » (1re moitié du Ier s. av. J.-C., 100-30 av. J.-C.), qui reconnaît aussi l'influence romaine. Ce même groupe comprend la tête provenant de Smyrne au Mus. du Louvre (no 3294) (G. Hafner, *op. cit.*, MK 7, p. 35), qui présente par rapport à notre portrait une pareille épaisseur de chair associée à quelques détails linéaires et un traitement analogue des yeux (mais sans les détails réalistes). La tête de bronze provenant de Mégare à la Glypt. Ny Carlsberg (Inv. no 2758) (Vessberg, *op. cit.*, p. 215, pl. XLVI, 3) classée par l'auteur dans ce groupe (formes molles et fluides) et dans la première moitié du Ier s. av. J.-C., serait de date plus basse, cf. G. Hafner, *op. cit.*, A 27 p. 76 (« Augustus »).

(4) Le graphisme descriptif, très détaillé, de la tête no 320, — qui vise surtout à souligner l'âge : canevas des lignes du visage (rides, césures fournies par la délimitation des plans), — est plus accentué que sur notre document et sur celui de Samos (ce dernier présentant l'« Erstarrung » de la surface). La tête des portraits de Délos, Samos, Athènes, est tournée et plus ou moins levée ; la nôtre était légèrement baissée.

(5) L. Laurenzi, *Ritratti Greci*, p. 127, no 88, pl. XXXIV-XXXV et no 90, pl. XXXVI : portrait no 362 du Musée National provenant de Smyrne, appartenant à la phase classicisante de la période hellénistique (datés tous les deux du milieu du IIe s. av. J.-C. par l'auteur.)

(6) Par ex. la surface des lèvres rendue avec réalisme (plissement très fin de la peau, contrairement à la surface lisse de certains exemples) ; la bouche est également lâche comme sur le bronze délien.

(7) Cf. par ex. la tête de la statue de bronze au Museo Gregoriano ; ArBr 1075/76 ; E. Buschor, *Das hellenistische Bildnis* (1949), p. 54 sq. et 57, fig. 51.

figé et dur[1], qui caractérisent la plupart des portraits réalistes romains provenant du sol italien, à masse capillaire minimisée[2] et sans vie, d'un schématisme développé.

Donc, l'essence même du style hellénistique, à savoir la « Rundheit » et la « Weichheit »[3] du modelé et les contrastes d'ombre et de lumière donnant une expression éminemment coloriste à notre document, autorisent à le rapprocher des têtes plus ou moins idéalisées (athlètes, Héraclès jeune[4], portraits de princes hellénistiques)[5], exemples de la tradition artistique qui, à travers la haute époque hellénistique, atteint le « réalisme raffiné » de la période moyenne[6].

Dès la fin du IVe siècle av. J.-C., des têtes[7] appartenant à l'ambiance artistique

(1) Richesse grandissante de détails réalistes qui évolue vers une fixation des formes sur le sol romain, cf. B. SCHWEITZER, op. cit., pp. 13 et 63 sqq.

(2) Indifférence au pittoresque de la coiffure ; cette sévérité, cette accentuation de réserve et du réalisme du visage sont dans la tradition de l'art du portrait républicain.

(3) Cf. R. HORN, « Hellenistische Köpfe II », RM 53 (1938), p. 77 ; entre autres caractères du style hellénistique : « relief vivant », « rendu riche de la chevelure », « formes gonflées » (premières années du IIe s. av. J.-C.).

(4) Par ex. Fr. POULSEN, Catalogue of Ancient Sculpture in the Ny Carlsberg Glyptotek (1951), p. 195, nº 262 a, pl. IV (inv. 1262) avec mélange de traits scopasiques ou lysippiques, cf. nº 262, pl. XIX, ainsi que le nº 260, pl. XVIII (d'ép. rom.). Les caractères lysippiques transmis à l'époque romaine : conformation du front fortement marquée dans la région des sourcils ; gonflement des muscles supraorbitaux, forme allongée des yeux plutôt petits, modelé des joues, bouche lâche aux commissures tombantes, rotondité de la tête et même mèches courtes et assez plates sur le front, cf. A. WACE, JHS 26 (1906), p. 240 ; exemples de caractères éminemment lysippiques, cf. V. POULSEN, Les Portraits Grecs, Glypt. Ny Carlsberg (1954), nº 17 (IN. 542) pl. XIV et Catalogue, nº 118, pl. IX ; L. LAURENZI, Ritr. Gr., nº 36, pl. XIII.

(5) Par ex. copie de bronze à traits idéalisés provenant de la Villa des Pisons : L. LAURENZI, op. cit., nº 55, pl. XXI, nº 5600 du Mus. Nat. de Naples : les traits sont modérément réalistes, influencés par les « enseignements lysippiques ». Voir aussi R. CALZA, Scavi di Ostia V : I Ritratti (1964), nº 5, pl. III (princesse hellénistique), pour des exemples de ces têtes idéalisées de la haute époque hellénistique : mèches mouvementées, inclinaison de la tête, mélancolie diffuse de l'expression, qui dénote les expériences lysippiques (mouvement musculaire du cou et du visage).

(6) A propos des portraits de Ménandre, L. LAURENZI (op. cit., Quaderni per lo Studio dell'Archeologia, 3-5, [1941], App. B, p. 139 sq., pl. XLVII) note : « la variété des reliefs osseux et musculaires à passage délicats des plans, la fonction pittoresque assignée au désordre des cheveux et leur compression sur le crâne, afin de ne pas déranger par des effets décoratifs l'organisme structural (d'un caractère) massif ». De même l'expression « appassionata... sentimenti di ardore e insieme di sofferenza intelletuale », sont des traits qui correspondent à ceux de notre document, légèrement variés, B. SCHWEITZER, Bildniskunst der römischen Republik (1948), p. 97 ; on reconnaît sur les copies du type des éléments stylistiques de l'époque augustéenne (vers les années 20 av. J.-C.). Pour l'ensemble du groupe « Ménandre », cf. G. M. A. RICHTER, The Portraits of the Greeks II (1965), p. 224 sqq. (avec bibliographie antérieure) et Supplement (1971), p. 7, fig. 1550 a-c, 1557 a-c. Parmi ces têtes, la copie de Corfou (G. DONTAS, Catalogue du Musée de Corfou [1970], nº 133, pl. 23 a-b (en grec) ; G. M. A. RICHTER, op. cit., nº 43, fig. 1633-1635) présente des analogies pour les éléments stylisés de la coiffure (mais avec disposition différente) par rapport à notre portrait ; cf. aussi E. LISSI CARONNA, BollArte, Ser. V, 52 (1967), p. 41 (fig. 35-38 et 39-40) et en dernier lieu, B. ASHMOLE, AJA 77 (1973), p. 61, pl. 11-12 (réplique de bronze, en miniature).

(7) Têtes datées autour de 330 av. J.-C., par ex. tête dite d'Aberdeen au Musée Britannique, Inv. nº 1600 ; cf. A. H. SMITH, Catalogue of Sculpture in the British Mus. III (1904), nº 1600, p. 39 sq. pl. III ; P. WOLTERS, JdI, 1 (1886), p. 54 sqq., pl. V ; W. KLEIN, Praxiteles, p. 389 sqq. ; A. FURTWÄNGLER, Masterpieces of Greek Sculpture (Nouv. Ed., 1964), p. 346, pl. XVIII. Sur cette tête, mis à part son caractère praxitélien prépondérant, on signalera l'entrecroisement d'influences scopasiques et lysippiques : yeux petits et rapprochés, forme du front, sourcils à arc abaissé, parties supraciliaires gonflées, grande largeur de la tête au niveau des tempes, joues larges et molles, forme du menton, volume réduit de la coiffure. Cf. relativement aux traits lysippiques, Th. HOMOLLE, BCH 23 (1899), p. 453 sq. à propos d'Agias. L. LAURENZI, Ritr. Gr. (1941), nº 37, pl. XIII, p. 102 sq. Cf. aussi pour le front et la contraction des sourcils, traits qui sont déjà sur la tête du pugiliste de bronze au Mus. Nat. nº X 6439 : L. ALSCHER, Griech. Plastik III, p. 68, fig. 65 ; R. LULLIES-HIRMER, op. cit.,

à laquelle remonte l'archétype de notre bronze, sont associées à des changements typologiques (variation de proportions, développement dans l'articulation des parties du visage, différences des traits de celui-ci)[1], altérations qui s'effectuent dans le sens d'une tendance réaliste[2]. Des traces infimes de traits analogues, qui se poursuivent dans le portrait hellénistique, se devinent sur le nôtre et sont dues à une influence typologique indirecte provenant de ces sources.

Aussi, rares sont les détails qui révèlent l'influence des formes classiques, ici « polyclétéennes », comme le rendu des mèches de la coiffure en « lanières de cuir »[3], aspect relevé sur les têtes de copies polyclétéennes[4], ainsi que la disposition et l'articulation de la coiffure (comparer par exemple sur la tête de l'enfant de Dresde)[5] : simplification et parallélisme des mèches frontales, mais disposition non symétrique et dessin irrégulier et plus vivant sur les côtés de la tête, les mèches latérales recouvrant légèrement le bord du pavillon des oreilles, enfin aboutissement des cheveux sur la nuque. Le caractère « décoratif » de la coiffure, mais plus atténué, se retrouve sur notre bronze. On reconnaît la disposition typique des mèches en étoile (à trois branches au lieu de six), élément « polyclétéen » par excellence[6], ainsi que l'arête simple des

nos 224-225. Voir, d'autre part, L. LAURENZI, op. cit., no 34, pl. XII : « opera d'un età di transizione » et « ampia costituzione ». Le rendu large du crâne et du visage et le rendu « fleischige » sont dus à l'influence du style scopasique : A. SCHOBER, OJh 19-20 (1919), p. 183, fig. 116, 117, pl. III.

(1) Accentuation des détails, par ex. étroitesse de la racine du nez. Détails du rendu de la tête d'Aberdeen : E. PFUHL, JdI 43 (1928), p. 24 sqq., fig. 7 ; G. E. RIZZO, Prassitele (1932), p. 74 sqq., pl. CXI ; E. BUSCHOR, Das hellenistische Bildnis (1949), p. 9 sq., fig. 12 (dernier quart du IVe s.).

(2) Par ex. traits « naturalistes » relevés par L. LAURENZI, op. cit., no 13, pl. IV, sur la tête de bronze provenant de Cyrène : volume des cheveux relativement rapetissé, ramollissement du rendu de la surface du front, joues, paupières, ligne discontinue : front-nez, largeur et épaisseur du nez.

(3) Cf. D. ARNOLD, Die Polykletnachfolge (JdI, 25. Ergänzungsh., 1969), p. 66 sqq. (à propos de l'enfant de Dresde attribué aux disciples de Polyclète, vers 420 av. J.-C.) ; P. HERRMANN, Verzeichnis der ant. Originalbildwerke der Staatl. Skulpturensammlung zu Dresden, no 88.

(4) Relativement au type de tête polyclétéen, cf. Th. LORENZ, Polyklet (1972), p. 22 sqq., pl. XXVIII-XXIX (mèches de forme sigmoïde). Les extrémités des mèches temporelles sont semblables ; on distingue aussi le principe de la « Gesetzmässigkeit ». Cf. aussi l'analyse systématique de la coiffure du Doryphore d'après l'hermès en bronze d'Apollonios de Naples par H. v. STEUBEN, Der Kanon des Polyklet (1973), p. 11 sq., n. 26, pp. 23 sq., fig. 7, pl. 6 : (étoile du sommet), pl. 7 (ligne de la nuque) et n. 56 ; analogies avec notre document, de la « polykletische Systematik » : pl. 2 et 3, et pointes des mèches pl. 1-7 (mais qui ne ressortent pas sur notre bronze comme des « petites cornes » en relief et n'interrompent pas le contour de la tête) ; « schlafenzangen » analogues sur les tempes ; cependant cette tête d'Apollonios (considérée comme une « ausgezeichnete Kopie... eines Griechen augusteischer Zeit ») d'un rendu très calculé, froid et homogène de l'ensemble (forme des mèches « en hameçon ») de la coiffure, est complètement à l'opposé du rendu, en général réaliste et libre, de notre document. Le regard légèrement baissé de notre sujet, à travers les paupières peu ouvertes, est un détail qui se rencontre sur certaines têtes du cycle polyclétéen, Diadumène, etc. — cf. par ex. L. D. CASKEY, Catalogue of Greek and Roman Sculpture, Museum of Fine Arts, Boston (1925), no 68, p. 141 « downward gaze » (tête d'Hermès) ; voir aussi l'« Éphèbe Westmacott » ; « Kyniskos », par ex. copie du Fitzwilliam Mus., cf. L. BUDDE et R. NICHOLLS, Greek and Roman Sculpture in the Fitzwilliam Mus. Cambridge (1964), p. 22, no 42, pl. 13 ; traits enfantins : P. E. ARIAS, Policleto (1964), p. 18 sqq. et p. 21, « testa così infantilmente caratteristica. »

(5) Cf. P. E. ARIAS, op. cit., pl. 86-87 ; D. ARNOLD, op. cit., p. 259, no 2, pl. 1 c, 6 a, 8 a. Analogies frappantes : pl. 8 a (profil droit — forme ronde de la calotte des cheveux, interruption de la courbe à l'arrière du crâne, forme sigmoïde des mèches, longueur et épaisseur de celles-ci, mèches contrastées).

(6) L'utilisation de ce motif de coiffure est fréquent sur les têtes hellénistiques, cf. à propos des portraits déliens du Ier s. av. J.-C., J. MARCADÉ, Au Musée de Délos (1969), p. 269, n. 4. Influence de la coiffure polyclétéenne sur de nombreux portraits romains et étrusques, par ex. G. KASCHNITZ-WEINBERG, RM 41 (1926), p. 141 sqq., fig. 1-2 et 10, « Anklang an Polykletische Manier gebildete Haar » ; B. M. FELLETTI MAJ, Museo Nazionale Romano, I Ritratti (1953), no 134.

sourcils. La tête du bronze d'Hiérapétra est à la fois mouvementée et imprégnée d'éléments classicisants, association caractéristique de la production de la basse époque hellénistique[1]. Par contre, la conception réaliste est dominante, et se remarque sur la coiffure dans l'entremêlement naturel des mèches (zone de l'occiput) et leur articulation lâche par endroits[2].

Les éléments classiques de la tête sont donc d'un caractère limité et secondaire par rapport à la fraîcheur et à la liberté de l'ensemble, qui reste très proche de la nature. Le dessin des traits du visage et celui de la coiffure ne sont pas durs et linéaires et on ne saurait déceler la « calligraphie privée de capacité créatrice », « sans vie plastique propre », aboutissements de l'« exagération classicisante »[3].

La conception de la tête du jeune garçon s'aligne, naturellement, sur les représentations d'un âge aimé dès l'époque classique[4], figures idéales de l'adolescence aux formes gonflées et florissantes qui tiennent encore de l'enfance et qui évoluent vers le réalisme hellénistique.

Notre figure se réfère à ces antécédents de la haute époque hellénistique avec tout ce qu'elle comporte comme réutilisations et transformations puisées dans le fonds classique.

D'autre part, en dehors du classement stylistique de notre pièce, des influences typologiques latentes s'exercent dans les deux sens entre ce bronze et le fonds riche et varié de types tels que le type du Satyre, les types enfantins, les portraits exotiques, qui furent des sujets de prédilection dans l'imagerie de la sculpture hellénistique.

A. Types de Satyre jeune ; c'est la tête de bronze de la Glyptothèque de Munich[5] (pl. XI et XII, 1-2), de basse époque hellénistique, qui se rapproche le plus de celle

---

(1) Tendance de reprise des formes classiques, en général, représentée parfois simultanément avec l'élan et l'énergie propres au style hellénistique : par ex., ensemble provenant du naufrage de Mahdia, cf. W. FUCHS, *Der Schiffsfund von Mahdia* (1963), p. 13 sq. et p. 36 (en ce qui concerne les visages), n° 44, pl. 54 ; n° 45, pl. 55, (seconde moitié du II⁰ s. av. J.-C.) : « um 130-120 v. Chr. ».

(2) Au contraire Th. LORENZ, *op. cit.*, p. 23 : « Kein Teil des Schädels wirkt ungestaltet. »

(3) Cf. G. KASCHNITZ-WEINBERG, *Sculture del Magazzino del Museo Vaticano* (1937), p. 41 (à propos d'une copie polyclétéenne), n° 60.

(4) Rapprochements avec les formes de visages enfantins classiques : C. BLÜMEL, *Katalog der Klass. griech. Skulpturen des fünften u. vierten Jahrh. v. Chr.* Berlin (1928), p. 10 sq., K 8, pl. 12 (« Wende vom fünften zum vierten Jahr. ») ; du même auteur, *Die Klassisch griech. Skulpturen der Staatl. Museum zu Berlin* (*Abhandl. d. Deutsch. Akad. d. Wissensch. zu Berlin*, 1966, n° 2), n° 102 (K 8), fig. 136, 137 ; tête du petit serviteur sur le relief n° 715 du Mus. Nat., cf. S. KAROUZOU, *Catalogue* (en grec), p. 49, « vers 430 av. J.-C. » ; R. LULLIES-HIRMER, *Griech. Plastik* (1956), n° 180, « gegen 420 v. Chr. ». On note une tendance à rendre les formes de l'adolescence mêlées encore de traits enfantins, vision nuancée de réalisme, mais dans les limites du caractère impersonnel et du traitement classique. Points analogues : rotondité du crâne, coiffure à mèches sigmoïdes courtes, peignées à partir du vertex, descendant obliquement vers les tempes et le front dans un entremêlement assez irrégulier. Grande largeur de la tête au niveau des tempes, arcades sourcilières accentuées, joues gonflées et larges, bouche à lèvres protubérantes et molles, expression boudeuse, front sillonné horizontalement, avec la partie inférieure proéminente.

(5) BrBr 760 ; A. FURTWÄNGLER, *Beschreibung der Glyptothek... zu München* (1900), p. 369 sq., n° 450 ; P. WOLTERS, *Führer durch die Glyptothek...* (1923), n° 450 ; W. KLEIN, *Vom antiken Rokoko* (1921), p. 53 sqq., fig. 15 ; A. W. LAWRENCE, *Later Greek Sculpture* (1927), p. 17, pl. 22, b ; G. LIPPOLD, *HdArch* III 1, p. 331, n. 4 ; L. ALSCHER, *Griech. Plastik* IV (1957), p. 127 sqq., fig. 57 ; H. WALTER, *AM* 76 (1961), p. 150 : « frühen ersten Jahrh. » ; E. BUSCHOR, *Das hellenistische Bildnis*² (1971), p. 42 Kat. n° 440 : « Erste viertel des ersten Jahrh » ; en dernier lieu D. OHLY, *Glyptothek München* (1972), pp. 103, 107, Saal XIII, n° 5 : « um 100 v. Chr. ».

du garçon crétois. Les traits du visage faunesque sont ici régularisés, le caractère bestial s'est affaibli et l'expression apaisée. Une analogie très étroite se manifeste dans la forme du visage (construction osseuse et parties charnues, mâchoires, pommettes) et surtout des yeux en amande[1]. Le modelé facial aussi est très apparenté, mais la masse capillaire du Satyre est plus importante, plus mouvementée et plus vivante[2] ; sur notre bronze, l'individualité et le jeu des mèches sont subordonnés à la surface plus ou moins plane de l'ensemble. D'autre part, ces deux documents diffèrent par l'expression qui, extérieure et pleine de vitalité joyeuse chez le Satyre, prend sur le jeune visage de la statue d'Hiérapétra un caractère intériorisé, sérieux et même tourmenté, tout en gardant sa force directe, légèrement brutale. La tête du Satyre[3] illustre l'essence même de l'art hellénistique ; sensualité, vivacité, mouvement, mais aussi un « amoindrissement de cette vie »[4], ce qui est encore plus sensible sur notre document.

B. Types d'enfants du répertoire hellénistique : ce sont des statuettes de jeunes garçons enveloppés dans de lourds manteaux ; le schéma du drapé et l'attitude aux bras repliés vers le corps et complètement recouverts sont analogues[5]. Exemples : la statuette de bronze de la collection de Göttingen[6] ou celle du Musée du Louvre[7] d'une même simplicité de drapé (mais l'himation retombe derrière l'épaule gauche) ; figures de jeunes élèves, de même conception, comme celle de Boston[8], qui dépendent de la tradition hellénistique. Ces types d'enfants, ou de garçons au seuil de l'adolescence

---

(1) Les yeux du garçon d'Hiérapétra sont moins ouverts, ce qui donne au visage une expression absente et rêveuse.

(2) Le dessin a un rôle analogue sur les deux documents : L. ALSCHER, *op. cit.*, IV, p. 128.

(3) Hauteur du visage : 0,135 ; h. max. de la tête : 0,20 ; larg. des tempes : 0,125 mm. env. ; largeur aux pommettes : 0,195 mm. env. Les lèvres du Satyre sont cernées d'un sillon très léger (analogue au nôtre) et recouvertes d'une couche de bronze d'alliage différent.

(4) H. WALTER, *op. cit.*, p. 150 ; L. ALSCHER, *op. cit.*, p. 128.

(5) Il s'agit d'une longue série d'exemples, comme celui du Musée de Berlin : *Beschreibung der ant. Skulpturen*, n° 488 (époque romaine d'après un modèle hellénistique) ; voir aussi M. BIEBER, *Griech. Kleidung* (1928), p. 83 sq., pl. 57 ; S. REINACH, *Rép. Stat.* II², pp. 454 et 455,4 ; O. WALDHAUER, *Die antiken Skulpturen der Ermitage*, II (1931), n° 196, pl. XLIX et n°s 194, 195 ; G. LIPPOLD, *Die Skulpturen des Vatic. Museums* III, 2 (1956), p. 155 sq., n° 4, pl. 74 ; S. MOLLARD-BESQUES, *Cat. raisonné des figurines et reliefs, Musée du Louvre* II (1963), p. 129 sqq., pl. 156, c, et III (1972), pl. 369, b.

(6) Cf. H. v. STEUBEN, *AA*, 82 (1967), p. 426 sq., avec bibliogr. de statuettes apparentées, comme ces représentations de Télesphore cf. A. DE RIDDER, *BCH*, 46 (1922), p. 224 sq., n° 12, fig. 4 (Thespies) ; S. REINACH, *Rép. Stat.* II², p. 470, 8 : geste analogue des bras et enveloppement complet dans l'himation lourd (retombée derrière l'épaule gauche).

(7) Cf. A. DE RIDDER, *Bronzes antiques du Louvre*, I, *Les figurines* (1913), n° 625, pl. 44, p. 88, H : 0,195 (REINACH, *op. cit.*, p. 559,4) : « bronze gréco-romain... non nécessairement un acteur» ; Fr. WINTER, *Die Typen der figürlichen Terrakotten*, II (1903), p. 240, 1, 4 ; S. MOLLARD-BESQUES, *op. cit.*, pl. 155, e : (fin du Ier s. av. J.-C.).

(8) D. G. MITTEN et S. F. DOERINGER, *Master Bronzes from the Classical World* (1968), n° 137 (h. 0,195) ; S. REINACH V², p. 351, 2, provenant probablement de Syrie ; M. COMSTOCK - C. VERMEULE, *Greek, Etruscan and Roman Bronzes in the Museum of Fine Arts, Boston* (1971), p. 125, n° 137 (même caractère que le nôtre) figure d'un garçon vainqueur à la rhétorique ou la poésie, type dépendant de la tradition hellénistique. Cf. aussi un relief tardif (IIe s. ap. J.-C.), G. M. A. HANFMANN, *Roman Art* (1964), p. 120, n° 133, fig. 133, dérivant de cette ambiance. Voir également le type du « jeune homme sérieux » dans la nouvelle Comédie, cf. M. BIEBER, *The history of Greek and Roman Theater* (1961), p. 94, fig. 338 et p. 149, fig. 548, a.

entre 16 et 17 ans, multipliés par les artistes hellénistiques dans les arts mineurs[1], représentent des mortels, Éros[2] enfant ou éphèbe, Héraclès, etc.

C. Portraits exotiques : les particularités du visage de notre bronze aux proportions courtes[3] suggèrent une affiliation possible avec un type ethnique étranger[4] (exemples de personnages connus ou anonymes), ce qui nous ramène à l'un des traits importants de l'iconographie hellénistique, à savoir la tendance à un exotisme[5] qui fait partie du « Genrekunst » de l'époque. De l'intérêt porté aux types raciaux et à leurs croisements, qui remonte plus haut que la période hellénistique, la tête de bronze provenant de Cyrène, au Musée Britannique, est l'exemple par excellence[6]. Ici, les traits sont soumis à l'unité d'un ensemble solide et simple qui procède d'une idéalisation et s'éloigne de la mise en valeur du détail pittoresque de la conception hellénistique tardive. L'analogie de certains traits de cette tête[7] avec ceux de notre statue suggère une localisation possible de notre type dans la région nord-africaine, comme il apparaît aussi sur d'autres têtes libyennes[8]. Aussi, parmi les portraits

(1) Figurines en terre cuite : C. BLÜMEL, *Antike Kunstwerke* (1953), p. 30 sq., n° 20, pl. 20 et fig. 16 : exemples signés par le potier Diphilos, Ier s. ap. J.-C. ; types proches plus anciens, cf. S. MOLLARD-BESQUES, *op. cit.*, II, p. 119, pl. 144, a, c et 149, e ; autre type (proche) fréquent dans les terres cuites de Tanagra, cf. par ex. F. WINTER, *op. cit.*, II, p. 240, 2 : Mus. Nat., inv. n° 4478 (ici, pl. XII, 3).

(2) Par ex. Éros ailé à himation, cf. F. WINTER, *op. cit.*, p. 326 sqq. et 326, 1 ; S. MOLLARD-BESQUES, *op. cit.*, p. 54, Myr. 72, pl. 65, e ; pour les types variés d'Éros, voir les représentations en bronze suivantes : G. MITTEN, et S. F. DOERINGER, *op. cit.*, n° 127, « Éros pleurant », provenant d'Alexandrie, qui illustre ce goût de formes épaisses et gonflées, et n° 301 (Ier s. av.-Ier s. ap. J.-C.). Pour de beaux exemples de ces formes, cf. G. M. A. RICHTER, *Greek, Etruscan and Roman Bronzes, Metrop. Museum* (1915), n° 131 (IIe ou Ier s. av. J.-C.) et, remontant plus haut (250-150 av. J.-C.), l'Éros dormant, cf. du même auteur *AJA* 47 (1943), p. 365 sqq., fig. 3. Cf. aussi G. MITTEN et S. F. DOERINGER, *op. cit.*, n° 128, Héraclès (?), Ier s. av. J.-C.

(3) Largeur de la face, nez court s'élargissant à son extrémité, grande bouche à lèvres gonflées, yeux de forme étroite et allongée (cf. S. KAROUZOU, *ArchEph* 1948/49, p. 29, qui rapporte ce détail à la race du sujet), rondeur du crâne, pommettes saillantes, léger prognathisme (?).

(4) Dans le « jockey » de l'Artémision, on a reconnu certains traits d'indigène : N. BERTOS (*supra*, p. 10, n. 6) ; D. K. HILL, *Catalogue of Classical Bronze Sculpture in the Walters Art Gallery, Baltimore* (1949), p. XVI-XVII.

(5) Cf. Ch. PICARD, *La Sculpture antique* (1926), p. 236 sq., sur la question des débuts, à l'époque hellénistique, d'une observation de la « réalité ethnique » (malgré les nombreux exemples de représentations de races exotiques de l'époque classique). Exemple d'une version de bonne qualité d'un type exotique d'époque hellénistique avancée, cf. L. D. CASKEY, *Catalogue of Greek and Roman Sculpture* (1925), n° 59. Types d'esclaves à traits accentués, par ex. E. ROHDE, *Griech. u. römische Kunst in den Staatl. Mus., Berlin* (1968), fig. 112 (Inv. SK 502), p. 154.

(6) H. B. WALTERS, *Catalogue of the Bronzes in the Department of Greek and Roman Antiquities* (1899), n° 268, p. 34 sq. ; du même auteur, *Select Bronzes in the British Museum* (1915), pl. XV ; A. W. LAWRENCE, *Later Greek Sculpture* (1927), p. 18, pl. 27, G. H. BEARDSLEY, *The Negro in Greek and Roman Civilization* (1929), p. 75, n° 156, fig. 13 ; L. LAURENZI, *Ritr. Gr.*, n° 29, pl. X (daté de 350 av. J.-C.) ; R. LULLIES et M. HIRMER, *op. cit.*, n° 198, « nach der mitte des 4 Jahr. v. Chr. » ; E. ROSENBAUM, *Cyrenaican Portrait Sculpture* (1960), n° 1, pl. V, 1-4 ; *EAA* V, *s.v.* « Negro », p. 399 sqq. G. M. A. RICHTER, *The Portraits of the Greeks* I (1965), p. 37, fig. XXXVIII ; J. CHARBONNEAUX..., *Grèce hellénistique* (1970), p. 215, fig. 226.

(7) Construction, traits, et surtout épaisseur et importance du muscle supraciliaire, qui couvre en partie la paupière supérieure et, en général, forme et traitement des yeux et arcs des sourcils bas, nez régulier. Le volume des cheveux est plus important sur la tête du Musée Britannique (dont la datation varie de 400 à 200 av. J.-C.).

(8) Par ex. une tête de jeune femme au Musée d'Amsterdam : C. S. PONGER, *Katalog der Griech. u. römischen Skulptur im Allard Pierson Mus. zu Amsterdam* (1942), n° 108, Inv. n° 3427, pl. XXVI (Ier s. av. J.-C.) ; portrait de Libyen, n° 37, Inv. n° 7872, pl. VIII, au même musée (daté d'environ 50 à 20 av. J.-C.). Voir aussi la tête de jeune Berbère provenant de Volubilis (Mus. de Volubilis), cf. L. CHATELAIN, *MonPiot* 33 (1933), p. 110 sq., fig. 3 et 4 (« parent de Juba II, de Ptolémée » ou anonyme), d'expression sombre analogue à celle

présumés du roi Juba II de Mauritanie (qui varient d'un document à l'autre), la tête de bronze de Volubilis au Musée de Rabat[1] est significative comme document comparatif. On y décèle une certaine parenté avec le bronze d'Hiérapétra, compte tenu de l'idéalisation (qui régularise les traits, unifie et simplifie les plans) du visage du roi, plus âgé. Les similitudes portent sur les proportions, la forme des yeux, des pommettes, de la bouche, des oreilles (la coiffure du prince suit de plus près les coiffures hellénistiques), et l'expression est analogue. Ce groupe de portraits datés, en général, de la seconde moitié du Ier siècle av. J.-C. (toutefois les avis ne sont pas unanimes : le buste de Volubilis, par exemple, a reçu des dates oscillant entre le IIIe siècle av. J.-C. et l'époque d'Auguste)[2], est de tradition hellénistique, mais montre aussi l'influence romaine. Les types étrangers, à traits plus ou moins accentués ou résultant d'un mélange de races, resteront en vogue à l'époque romaine[3] et de ce penchant vers l'exotisme dépend une catégorie de statuettes de bronze, représentant de jeunes garçons aux types négroïdes variés, drapés dans l'himation, en rapport avec le schéma du philosophe[4], comme la statuette de bronze au Musée de Boston[5].

de notre sujet ; modelé plus uni, mais présentant certaines analogies de formes. En ce qui concerne les traits négroïdes, cf. le buste de bronze de style hellénistique au Musée Britannique (cf. D. E. L. HAYNES, *Brit. Mus. Quarterly* 21 [1957-59], p. 19 sq., pl. IV) dont l'expression et la construction (« subdued pathos and feeling for structure ») est de même conception. Dans un groupe de types étrangers, analogues au nôtre, on pourrait comprendre : G. KASCHNITZ-WEINBERG, *Sculture del Magazzino del Museo Vaticano* (1937), n° 633, pl. CI (certaine similitude de formes, contraction des sourcils), mais rendu plus froid et indifférent (« fin de l'époque d'Auguste ou époque de Tibère ») ; voir aussi N. BONACASA, *Ritratti Greci e Romani della Sicilia* (1964), n° 28, pl. XII, 3-4 (« databile alla seconda meta del I sec. a.C. ») ; C. VERMEULE, *AJA* 68 (1964), p. 336, pl. 107, fig. 29 (« more African in ancestry ») ; E. ROSENBAUM, *op. cit.*, p. 21, pl. IV, 3 (marble head of a Libyan from the Bissing Collection).

(1) Cf. R. THOUVENOT, *MonPiot* 43 (1949), p. 75 sqq., pl. IX ; cf. récemment V. POULSEN, *RA* 1968, p. 275 sqq., fig. 5 (avec bibliogr. antérieure) ; l'auteur considère ce bronze comme « a master copy of a very early portrait » de Juba II. Les portraits présumés de Juba II montrent une idéalisation à des degrés variés, cf. *EAA* III, *s.v.* « Giuba II », p. 916 sq., fig. 1143 (Louvre) ; cf. aussi les portraits de Ptolémée de Mauritanie : *EAA* VII, *s.v.* « Tolemeo », fig. 1014 ; G. M. A. RICHTER, *op. cit.*, III, p. 280, fig. 2007-2008, Juba II (du même auteur, *Supplement* [1971], p. 8) et fig. 2011-2012, Ptolémée. Dans les portraits des derniers rois de Mauritanie restent souvent des traces de la vivacité du traitement hellénistique, cf. V. POULSEN, *Claudische Prinzen* (1960), p. 42 (par opposition).

(2) Cf. en dernier lieu : G. HAFNER, *AA* 85 (1970), p. 412 sqq., fig. 1 (Massinissa) : coiffure, indice chronologique (IIIe-IIe s. av. J.-C.) : « sichelförmig in die Stirn fallenden Strähnen », mais renouveau de cette disposition sous Auguste ; les caractères du rendu de celle-ci (volume, linéarisme) donnent aussi un repère chronologique. Différentes identifications de ces exemples : W. AMELUNG, *Vatic. Mus.* I (1903), n° 72 (Braccio Nuovo), pl. X, Ptolémée de Numidie et Mauritanie ; A. HEKLER, *Portraits antiques* (1913), pl. 175 (de même) ; cf. G.-Ch. PICARD, *Karthago* 12 (1963-64), p. 31 sqq. (Hannibal).

(3) Cf. H. STUART JONES, *The Sculptures of the Palazzo dei Conservatori* (1926), n°s 7 et 11 (Galleria), pl. 27 ; ex. d'un portrait d'enfant au sang mêlé « libysches Blut », « erste Kaiserzeit », cf. M. KOBYLINA, *AA*, 43 (1928), p. 70 sqq. Beil. 6 (classé dans la sculpture alexandrine) ; A. ADRIANI, *Annuaire du Musée Gréco-Romain*, 1935-1939, p. 160, pl. LXVI, 1, inv. n° 24661 (jeune Africain au rendu simplifié, Ier-IIe s. ap. J.-C.) ; L. D. CASKEY, *Catalogue of Greek and Roman Sculpture* (1925), n° 127 ; voir aussi une tête provenant de l'Agora, cf. E. B. HARRISON, *The Athenian Agora* I (1953), n° 20, pl. 15.

(4) Par ex., R. STEIGER, « Drei römische Bronzen aus Augst », *Gestalt u. Geschichte, Festschrift K. Schefold*, (*Antike Kunst*, Beih. IV, 1967), p. 192 sqq., pl. 62, 63 ; statuettes de « boy-orators », cf. F. M. SNOWDEN, Jr., *Blacks in Antiquity* (1970), n°s 64 et 65, pp. 186, 194-195.

(5) Cf. M. COMSTOCK - C. VERMEULE, *Greek, Etruscan and Roman Bronzes in the Mus. of Fine Arts, Boston* (1971), p. 78, n° 82 : « There is a connection not accidental, with monumental art ».

Les têtes sont plus ou moins éloignées du type de l'indigène pur[1], nuancées d'idéalisation, à éléments réalistes[2] et classicisants.

De ces types hellénistiques, le visage de notre bronze diffère par l'expression volontaire, la concentration et le repliement intérieur, qui accentuent le caractère intellectuel du jeune personnage. Cette volonté, analogue à celle des portraits républicains, se teinte de mélancolie[3], à l'approche de l'époque augustéenne.

L'élément « romain » que nous avons déjà signalé dans notre portrait, mention volontairement vague, se précise, par la confrontation de notre document à des portraits romains provenant du sol italien. Ces correspondances valent pour l'époque républicaine tardive et surtout, ce qui est significatif, s'établissent avec des exemples qui ont un rapport avec la tradition hellénistique[4]. Les formes du visage d'un homme d'âge mûr au Musée des Thermes[5] sont différentes[6], mais présentent cependant un traitement aux analogies frappantes : richesse du modelé[7], rendu de la région labio-nasale, et surtout expression (moins intense) d'un certain « pathos » animant les deux portraits. La tête a été classée, par Felletti Maj, « un peu après la dictature de César » et, par Paribeni[8], « entre la fin de la République et le principat d'Auguste ».

---

(1) Cf. H. HOFFMANN-HEWICKER, *Museum für Kunst u. Gewerbe, Hamburg* (1961), p. 7, pl. 28, n° 28 (art alexandrin ?), expression vive, style hellénistique. Une certaine analogie dans la forme des yeux, le linéarisme des paupières, ainsi que l'effet du clair-obscur » « um 80 » ; daté de l'époque d'Auguste par K. SCHEFOLD, *Meisterwerke griech. Kunst* (1960), VII 397, fig. p. 283 et p. 100 ; BrBr 760. Voir aussi la tête provenant d'Alexandrie au Musée Britannique (datée exactement après 100 av. J.-C.), cf. Fr. POULSEN, *From the Collections*, II (1938), p. 30 sqq., fig. 30 ; R. P. HINKS, *Greek and Roman Portrait Sculpture, British Mus.* (1935), fig. 15 a ; aussi têtes d'indigènes, de grande qualité ; relief n° inv. 4464 Mus. Nat. et B. V. BOTHMER et J. KEITH, *Brief Guide, Egyptian and Classical Art, Brooklyn Mus.* (1974) p. 89, fig. 88.

(2) Réalisme de la haute époque hellénistique à larges plans et formes claires, qui à partir des IIe et Ier s. av. J.-C. évolue vers un rendu à détails linéaires ; cf. par ex. un processus analogue sur les têtes de nègres : U. HAUSMANN, *AM* 77 (1962), p. 272 sq.

(3) Expression qui devient outrée par la suite sur des exemples postérieurs de visages enfantins ; cf. par ex. C. BLÜMEL, *Römische Bildnisse* (1933), R 48, pl. 31. A cette ambiance appartiennent aussi les nombreux portraits des deux petits-fils d'Auguste, Gaius et Lucius, d'expression sombre, dont le rendu lisse des visages adopte une fixité classique, cf. G. HAFNER, *Späthellenistische Bildnisplastik* (1954), R 12, p. 17 sq., pl. 4 ; NK 6 p. 50, pl. 21 et A 33 p. 79, pl. 36 (Mus. Nat. Inv. n° 3606) ; P. ZANKER, *Studien zu den Augustus-Porträts (Abh. Akad. Wissensch. Göttingen,* n° 85, 1973), p. 47 sqq.

(4) Influence du style hellénistique sur les antécédents du portrait républicain romain, cf. G. KASCHNITZ-WEINBERG, *RM* 41 (1926), p. 138 sqq. : portraits de bronze, pl. III-V « Brutus », Palazzo dei Conserv. Rome ; fig. 1, 2, 10 : tête du Cabinet des Médailles, Paris ; R. BIANCHI BANDINELLI, *Rome the Centre of Power* (1970), frontispice, pp. 74 et 399 et fig. 81, pp. 73 et 402.

(5) Inv. n° 125501, cf. B. M. FELLETTI MAJ, *Museo Nazionale Romano, I Ritratti* (1953), n° 58, p. 41 sq. ; R. PARIBENI, *AnnScAtene* 24-26 (1946-1948), p. 305 sqq., pl. XXV, fig. 1-3 ; l'auteur rapproche ce portrait du buste Kat. n° 589 a, de la Glyptothèque Ny Carlsberg. Nous retrouvons ici, comme sur le visage de notre adolescent, le mélange d'un sens réaliste à une « accentuazione di nobilità che si potrebbe dire idealistica » ; cf. aussi un portrait de basse époque républicaine, P. ZANKER, *op. cit.*, p. 35, pl. 32 (forte construction osseuse, épaisseur du visage, « pathos »).

(6) Comme le contour du visage et du menton, le front calme, le rendu plus sommaire des cheveux à mèches frontales de disposition analogue, mais de direction opposée ; cependant, yeux petits et en amande de forme analogue. Certaines composantes de tradition indigène reviennent fréquemment sur les têtes rapprochées, comme la robustesse accentuée de l'individu, le rendu en un ensemble uniforme de la masse capillaire à surface à peine détaillée, contrastant avec le traitement du visage, cf. par ex. H. v. HEINTZE, *Röm. Kunst* (1969), n° 159 (Mus. des Conservateurs, n° 2409).

(7) Cf. B. M. FELLETTI MAJ, *op. cit.*, p. 41 sq.

(8) Cf. ci-dessus note 5.

Cette tradition du rendu et de l'expression remonte plus haut ; elle est étroitement liée au style du portrait du milieu du Ier siècle av. J.-C.[1], époque où fut exécutée la fameuse tête de Pompée[2] qui représente un sujet romain traité dans le style hellénistique tardif. En nous rapprochant de l'année 40, le visage de ces portraits gagne en morbidesse de plans et en une croissante délicatesse du modelé[3]. Le caractère de réalisme brutal[4] de l'iconographie républicaine s'affaiblit, tandis que la passion est transformée en « animation intérieure » qui met en relief tantôt la qualité spirituelle du personnage, ou plus souvent une sorte de mécontentement cynique. Nous atteignons à un entremêlement de tendances et de styles à éléments tant grecs que romains[5], dans les portraits en ronde bosse, mais aussi dans les reliefs et les intailles. Dans un groupe de ces dernières (classées dans le « style fluide »[6] du Ier siècle av. J.-C.), le portrait exécuté par Agathopous[7] (pl. XIII, 1) est un exemple de visage de type romain, mais de rendu hellénistique, et de conception assez proche de celle de notre bronze ; — a) du point de vue typologique : à part le rendu typiquement républicain

---

(1) Ce « pathos » caractérise le portrait républicain en général ; cf. par ex. M. MILKOVICH, *Worcester Art Museum, A Loan Exhibition of Roman Sculpture and Coins from the 1st c. B.C...* (1961), n° 2, p. 12, portrait de haute qualité appartenant au « pictorial-pathetic style » des environs de 50 av. J.-C. Cf. B. M. FELLETTI MAJ, *op. cit.*, p. 40, n° 54 ; K. MILKOVICH, *op. cit.*, n° 3, p. 14 : mêmes fronts rugueux, contractés et ridés ; yeux étroits en amande, placés en surface, mâchoires larges, plis accentués de la région labio-nasale et expression pessimiste de la bouche, pommettes hautes. Forte construction osseuse, ainsi que l'expression ; cf. aussi H. v. HEINTZE, *op. cit.*, p. 172, n° 159, fig. 159 (tête mentionnée plus haut p. 20, n. 6), qui illustre la conception des années 60-50 av. J.-C. (le n° 163, fig. 163, donne le reflet de ces formes au dernier quart du Ier s. av. J.-C.). O. VESSBERG, *Studien zur Kunstgenschichte der römischen Republik* (1941), p. 232, pl. LXXV 3-4, Rom. Antiquarium, Magazin. Inv. n° 10843 ; il s'agit du même portrait que le n° 159 de H. v. Heintze.

(2) V. POULSEN, *Les Portraits Romains* I (*Glyptothèque Ny Carlsberg*, 1962), n° 1, pl. I-II, Inv. n° 733 (copie d'ép. impériale trouvée dans le « tombeau des Liciniens » à Rome) ; le traitement est conforme au style hellénistique tardif (œuvre d'un artiste grec). Au sujet de l'évolution du portrait romain dans la période 75-45 av. J.-C., du « style césarien » et de ses traits principaux, cf. O. VESSBERG, *op. cit.*, p. 128 sqq.

(3) Entre autres, cf. la tête du jeune Romain à la Glyptothèque de Munich : D. OHLY, *Glyptothek München* (1972), Saal XI, n° 6, fig. 34, Inv. n° 413 (années 40-30) ; une certaine analogie par le traitement et l'expression, mais différent du nôtre, par la coiffure et l'absence de traits du style hellénistique ; cf. B. SCHWEITZER, *Die Bildniskunst der römischen Republik* (1948), p. 38, 5 a, fig. 26 : « augusteisch » ; ArBr 69.

(4) Têtes représentatives de cet esprit : par ex. celles de M. Junius Brutus (portraits en ronde bosse et sur monnaies), cf. O. VESSBERG, *Studien*, p. 155 sqq., pl. IX, 1 ; *EAA* II, *s.v.* « Bruto M. », p. 192 sq. ; autres ex., cf. H. v. HEINTZE, *op. cit.*, p. 172, n° 162 (2e quart du Ier s. av. J.-C.) : rendu dur qui souligne le caractère rude des traits et de l'expression.

(5) Sur le visage de notre bronze, quelques détails comme le grain de beauté sur la pommette, le mince volume des mèches frontales, révèlent l'influence du goût romain. Sur la synthèse de traits du style hellénistique dans l'art du portrait aristocratique de Rome (qui se fixent à l'époque augustéenne, 31 av. J.-C.-68 ap. J.-C.), cf. L. GOLDSCHEIDER, *Roman Portraits* (1945), p. 13, pl. 18-24, 26, 27 ; M. BIEBER, *RM* 32 (1917), p. 130 sqq., fig. 8, pl. 2 : à propos du relief « aus dem Ölwald » de Berlin, daté du Ier s. av. J.-C., œuvre d'un artiste grec, comportant des types romains et grecs ; et p. 134, où l'auteur note les influences réciproques de cette « Übergangs-Periode » ; A. W. LAWRENCE, *Later Greek Sculpture* (1927), pl. 60 ; cf. aussi pour ce relief G. HAFNER, *op. cit.*, p. 59, A 1 (Berlin, inv. n° 1462) avec bibliogr. antérieure : exemple « néoattique » de basse époque hellénistique.

(6) Cf. G. M. A. RICHTER, *Engraved Gems of the Greeks and the Etruscans*, I (1968), p. 169 sqq. ; la datation est souvent confirmée par la forme des lettres des inscriptions.

(7) Au Musée archéologique de Florence, Inv. n° 14968 ; *EAA*, I, *s.v.* « Agathopous », p. 137, fig. 198, daté « dal periodo ellenistico alla prima età imperiale romana » ; cf. G. M. A. RICHTER, *op. cit.*, n° 685, p. 170 (avec bibliographie antér.), daté par l'auteur « aux environs des années 100 » ; M. L. VOLLENWEIDER, *Die Porträtgemmen der röm. Republik* (1972-74), Katalog, p. 66, pl. 112, 1-3 ; Text, p. 153 (30 av. J.-C. ; copie du début de l'époque impériale vers 30-40 ap. J.-C.).

de la coiffure, et l'accent mis sur les rides de la face et du cou, on note la ressemblance de la physionomie non-grecque[1] du sujet, comme s'il s'agissait d'une parenté entre deux personnes d'un âge différent ; — b) l'expression est analogue, mais plus violente sur l'intaille (propre, selon Richter, à un sujet romain) ; de même, le modelé « fluide » de la période hellénistique tardive et la « fraîcheur extraordinaire du rendu », correspondent. Ce rapprochement indique une certaine « romanisation » de notre portrait, à l'intérieur toutefois du cercle des portraits romains d'époque républicaine à forte influence hellénistique, dont les exemples se classent, en général, dans le troisième quart du premier siècle et plus précisément dans les années 40-30 av. J.-C.

A l'approche de l'époque augustéenne, le type du portrait républicain garde ses traits réalistes, son « immediatezza naturalistica »[2], tandis qu'apparaissent les détails d'un style nouveau dont les premières traces sont une « restreinte » d'essor classicisant[3] et un rendu plus détaillé et raffiné de la coiffure[4]. Cette évolution est particulièrement marquée dans le portrait provenant de Palestrina au Musée National de Rome[5], malgré son caractère provincial, et surtout dans la tête n° 38997 du même Musée[6]. Dans ce cercle de documents intermédiaires, on pourrait classer un portrait en bronze du Metropolitan Museum de New York[7] et un autre du Musée de Cleveland[8] (mais de caractère différent du nôtre), sans toutefois perdre de vue que, par leur style

---

(1) Cf. A. FURTWÄNGLER, *JdI* 3 (1888), pl. 8, 15, p. 211 sq., où il note le caractère « bauerlich » et l'expression brutale ; celle-ci est beaucoup plus faible sur notre portrait.

(2) Cf. B. M. FELLETTI MAJ, *op. cit.*, p. 59, à propos d'un portrait augustéen n° 94, mais daté avant le classicisme de l'époque.

(3) Cf. par ex. L. BUDDE et R. NICHOLLS, *A Catalogue of Greek and Roman Sculpture in the Fitzwilliam Mus.*, Cambridge (1964), p. 49 sq., à propos du portrait n° 82, pl. 26, « du troisième quart du Ier s. av. J.-C. » (« très probablement de la période vers 40-30 av. J.-C. »).

(4) Rapports de la disposition de la coiffure, tant des mèches en général que de celles qui, plus spécialement, garnissent le front et les tempes : cf. plus bas notes 5 et 6, deux exemples au Musée National de Rome.

(5) B. M. FELLETTI MAJ, *op. cit.*, n° 66, p. 44 sqq., classé aux années 40-30, de type républicain, mais avec des détails (coiffure) de style déjà augustéen ; rendu assez sec du modelé et usage de l'élément linéaire, cf. O. VESSBERG et A. WESTHOLM, *The Swedish Cyprus Expedition* IV, 3 (1956), p. 97 et pl. XIV, 3 ; O. VESSBERG, *Studien...* (1941), p. 231 sqq.

(6) B. M. FELLETTI MAJ, *op. cit.*, n° 38, p. 30 sqq. ; aussi cf. R. CALZA, *I Ritratti* (*Scavi di Ostia* V, 1964), n° 33 p. 32, pl. XIX (datée vers 25-20 av. J.-C.) : portrait significatif par rapport au nôtre, mais d'un rendu en général moins souple et plus rapproché de la tradition républicaine : rendu plus sommaire de la coiffure, pourtant longueur et diversité des mèches, modelé et expression se rapprochent du traitement hellénistique. La région des yeux et les yeux mêmes traités comme sur notre statue ; linéarisme plus grand des détails (région labio-nasale, front).

(7) Cf. G. M. A. RICHTER, *Metropolitan Museum, Catalogue of Greek, Etruscan and Roman Bronzes* (1915), n° 325, p. 142 sqq. ; F. POULSEN, *Probleme der römische Ikonographie* (1937), p. 21, n° 3, fig. 47-48, pl. XLI ; K. KLUGE et LEHMANN-HARTLEBEN, *Grossbronzen* II (1927), p. 11, fig. 4 ; R. WEST, *Römische Porträt-Plastik* I (1933), p. 144, fig. 155, pl. XXXVII ; G. M. A. RICHTER, *Roman Portraits, Metropolitan Mus. of Art* (1948), n° 8 : « Late Republican or Early Imperial period, I c. B.C. » Réalisme tempéré : éléments de réalisme républicain et tendance à une idéalisation. Ce portrait montre une conception différente, beaucoup plus sévère par rapport à celle du nôtre, simplification et stylisation ; tension de la surface, prépondérance des contours et des lignes d'une précision aiguë. Coiffure très courte, n'altérant en rien le contour du crâne. Classée (par Richter) à mi-chemin entre le style fortement réaliste républicain, et les têtes idéalistiques de l'époque d'Auguste.

(8) M. MILKOVICH, *op. cit.*, n° 5, « about 30 B.C. » (new composite style) ; G. HANFMANN, *Roman Art* (1964), n° 69 (autour des années 40-30 av. J.-C.) « last years of the Republik ». Aussi D. G. MITTEN et S. F. DOERINGER, *Master Bronzes from the Classical World* (1968), n° 228.

réaliste de caractère mixte[1], les portraits de cette période se prêtent souvent à une classification chronologique controversée[2].

Sur notre document, cependant, les contrastes d'ordre pictural de la surface, la variété du relief musculaire, son expression intense, l'absence caractéristique de froideur, sont en faveur d'un classement à l'écart du style classicisant de l'époque augustéenne et pas au-delà de l'année 30 av. J.-C.

Après avoir reconnu les limites chronologiques à l'intérieur desquelles se classe notre document, il est intéressant de noter des coïncidences de formes par rapport à deux exemples de portraits romains de date plus tardive et qui représentent le point extrême dans notre analyse de documents comparatifs. Ce sont des têtes de jeunes garçons, l'une à la Glyptothèque Ny Carlsberg[3] (pl. XIII, 2 à 4), l'autre au Musée du Vatican[4], qui appartiennent à des sujets sensiblement plus jeunes que le nôtre (la première est classée parmi les portraits de jeunesse d'Auguste[5], la seconde à l'époque augustéenne tardive — première décennie du Ier siècle ap. J.-C.). La parenté de type est sensible sur la tête de la Glyptothèque Ny Carlsberg, ainsi que les particularités communes du modelé (gonflement des arcades sourcilières, moue de la bouche, crispation des sourcils, région labio-nasale lâche, irrégularité des deux moitiés du visage). La construction du visage et la coupe des cheveux[6] s'ajoutent aussi aux indices qui témoignent de la relation de notre portrait avec ceux qui précèdent immédiatement le classicisme augustéen[7]. De même, l'étude de la tête du Vatican

(1) Réalisme qui comporte des éléments qui, d'une manière plus ou moins sensible, annoncent la stylisation classicisante.

(2) Comme par ex. le buste de bronze de New York, cf. p. 22, n. 7 (datation controversée), cf. A. OLIVER, *BullMMA* (1967), p. 264, fig. 3 ; aussi à propos d'un portrait au Musée archéologique de Salonique (Inv. n° 9033), Ménandre (?), cf. M. ANDRONIKOS, *MonPiot* 51 (1960), p. 47 sqq. et surtout p. 50 ; G. M. A. RICHTER, *The Portraits of the Greeks*, II (1965), p. 234, fig. 1638-1640 ; en dernier lieu, A. RÜSCH, *JdI* 84 (1969), p. 174, R 82, fig. 86-87.

(3) ArBr 67-68 ; cf. V. POULSEN, *Les Portraits Romains* I (1973), n° 71, Inv. n° 735, pl. CXXII-CXXIII, p. 109 : « trouvé en 1885 dans le tombeau des Liciniens à Rome » ; Fr. POULSEN, *Catal. Ny Carlsberg*, n° 601, pl. XXXXIX ; R. WEST, *op. cit.*, p. 72, fig. 69, pl. XVII ; V. POULSEN, *Journal of the Walters Art Gallery*, 11 (1948), p. 12, n° 9 ; H. v. HEINTZE, *Römische Porträt-Plastik* (1961), p. 9, pl. 12-13, « Zeit des claudischen Stils ».

(4) Cf. G. KASCHNITZ-WEINBERG, *Sculpture del Magazzino del Museo Vaticano* (1937), n° 621, pl. XCVIII : « Piccola testa di fanciullo, forse Gaio Cesare ? », datée par l'auteur à la première décade de notre ère.

(5) L. CURTIUS, *RM* 55 (1940), p. 40 sqq. ; C. PIETRANGELI, *BullCom*, 72 (1946-48), p. 61 sqq. Toujours dans cette ambiance, une analogie lointaine de traits et d'expression (par rapport au nôtre) qui suggère une contemporanéité de la pièce, se distingue sur le portrait d'Agrippa (originaux et copies) dont le type de Gabies est proche de notre pièce ; Musée du Louvre, cf. L. CURTIUS *RM* 48 (1933), p. 192 sqq. et p. 218 sq., pl. 30-31 ; exemple à la Collection Ny Carlsberg, Fr. POULSEN, *Cat.* n° 608, pl. XXXXIX ; Fr. JOHANSEN, *Meddelelser fra Ny Carlsberg Glyptotek* 27 (1970), p. 126 sqq., fig. 14 ; V. POULSEN, *Portraits*, n° 7, pl. XIV.

(6) Mais les mèches de cheveux du bronze sont, en général, plus détaillées.

(7) Cf. G. HAFNER, *op. cit.*, p. 37, MK 11 pl. 13 (type B de BRENDEL, *Ikonogr. des Kaisers Augustus* [1931], p. 31 sqq.). Aussi rapports possibles, cf. G. RODENWALDT, *Kunst um Augustus* (1942), fig. 11 p. 20 sq. (mèches frontales, modelé du visage). Les analogies de coiffure et de profil se distinguent encore sur le relief du Musée de Berlin, cf. C. BLÜMEL, *Römische Bildnisse (Staatliche Museen zu Berlin*, 1933), pl. 6, R 10 ; ArBr 1001 ; C. WEICKERT, *Die Antike* 14 (1938), p. 228, fig. 10 ; R. WEST, *op. cit.*, p. 119 sq., pl. XXX, fig. 123 ; L. CURTIUS, *RM* 55 (1940), p. 63 ; G. RODENWALDT, *op. cit.*, p. 28, fig. 14 ; G. HAFNER, *op. cit.*, p. 90 sqq., n° 12 ; E. ROHDE, *Griech. u. röm. Kunst in den Staatl. Museen zu Berlin* (1968), fig. 94 (SK. 1345), p. 132, « ausserste Zurückhaltung ». Ce relief est d'un caractère augustéen tardif (WEST, *loc. cit.*, le date « um das Jahr 8 v. Chr. ») et les rapports avec des motifs classiques sont évidents. Le portrait présumé de Marcellus au Louvre, Inv. n° 3547 (J. CHARBONNEAUX, *MonPiot* 51 [1960], p. 57 sqq., fig. 4, pl. III) qui est en dehors

suggère une association analogue d'éléments augustéens avec un traitement dérivant du courant hellénistique[1] (disposition et fluidité des mèches, expression et rendu de modelé).

L'expression de ces jeunes garçons, faite de « gravité » et de « conscience d'eux-mêmes », et l'attitude, hautaine et digne, caractérisent les membres des familles aristocratiques romaines du Ier siècle av. J.-C.[2]. Les traits les plus « avancés » du visage de notre bronze, qui se limitent à des détails, — le rendu sec et linéaire des yeux, du contour des narines et du sillon nasal, l'orifice peu profond des oreilles, et la forme des mèches frontales[3], — ne permettent pas une datation plus basse.

La césure d'ailleurs entre l'époque pré-augustéenne et celle qui suit l'accession du prince au pouvoir est très nette en ce qui concerne, d'une part, la vision plastique et, d'autre part, la conception du portrait. Sur le sol italique et plus spécialement à Pompéi[4] par exemple, on peut suivre l'affaiblissement de la tradition naturaliste indigène, qui caractérise les portraits républicains et ceux qui précèdent le règne d'Auguste, époque à partir de laquelle la production du portrait atteint une certaine uniformité[5] par le retour à l'idéalisation classique, mais qui s'enrichit aussi de solutions nouvelles. Ces changements n'entraînent pas un affaiblissement de la sensibilité et du niveau de qualité artistique, l'élément prépondérant consistant dans la « levigatezza classicista »[6] qui va s'imposer de plus en plus. Les créations de l'époque augustéenne propre se distinguent par la reprise de formes d'art d'autres périodes, d'un rendu froid, par un « esprit d'élégance »[7] et parfois une « uniformité », comportant une répétition monotone[8] (par exemple le drapé des figures augustéennes). Néanmoins, l'époque augustéenne dans son évolution sera caractérisée comme une période de

du courant classicisant augustéen (« œuvre de sculpteur grec »), présente certains détails apparentés à ceux de notre document (mèches sur le front, crispation, yeux), mais d'un rendu plus sec ; simplification et tension du visage, étrangères relativement au rendu du nôtre.

(1) Rendu du modelé « en profondeur », les traits particuliers ne sont pas durement juxtaposés comme dans la tradition républicaine. L'influence hellénistique est transmise sur les portraits d'Auguste jeune, comme par ex. le portrait d'Octavien, cf. H. VON HEINTZE, *Die antiken Porträts in Schloss Fasanerie bei Fulda* (1968), n° 12, pl. 18, 19, 108 a, b ; voir une tête de bronze provenant d'Herculanum : K. KLUGE et LEHMANN-HARTLEBEN, *op. cit.*, pl. 1, p. 1 sqq., et une tête de bronze au Brit. Museum, fig. 2, pl. III : « lebendige, stoffliche Modellierung ». Ces portraits d'Auguste jeune (du courant hellénistique) sont en relation avec notre document ; tradition qui apparaît même sur le type « officiel » d'Octavien provenant de Fondi : P. ZANKER, *Studien...*, n° 18, p. 29 sqq., pl. 22-24 (cf. aussi p. 34 sqq. : type Actium).

(2) Cf. H. v. HEINTZE, *op. cit.*, par ex. n°s 10 et 11, p. 13-15, pl. 14-17 (copies augustéennes : n° 10, « 1er tiers du Ier s. av. J.-C. » ; n° 11, « deuxième quart du Ier s. av. J.-C. ».

(3) Le rendu de ces mèches est différent sur les têtes hellénistiques ; par contre, leur dessin est ici plus sinueux et pas simplement « Sichelformig » (en croissant de faucille), forme typique sur les têtes augustéennes : cf. par ex. une tête de Lucius Caesar, Inv. 3606 Mus. Nat. (G. HAFNER, *op. cit.*, A 33) au tournant du Ier s. av. J.-C.-Ier s. ap.

(4) Cf. A. DE FRANCISCIS, *Il Ritratto Romano a Pompei* (1951), p. 53 sqq. ; relativement à cette évolution du style.

(5) On constate une tendance d'égalisation de l'expression artistique, une simplicité des moyens, par ex. le portrait de la Casa del Citarista, cf. A. DE FRANCISCIS, *op. cit.*, p. 47, fig. 38 et 39.

(6) R. BIANCHI BANDINELLI, *Storicità dell'Arte Classica* (1950), p. 104.

(7) A. HEKLER, *Römische weibliche Gewandstatuen* (Münch. Archäol. Studien, 1909), p. 125.

(8) Par ex. reliefs de l'Ara Pacis à Rome (13-9 av. J.-C.), monument caractéristique du goût néo-attique-éclectique, de tendance classicisante, sur le sol italien, cf. *EAA* I, *s.v.* « Ara Pacis », p. 526 sqq., fig. 708 et 711.

formation de l'art romain, mêlant des éléments divers et contradictoires, qui va développer une « variété et une multiplicité d'expériences formelles »[1].

D'importance capitale pour l'étude de notre bronze est la présence d'une copie en marbre du même type, provenant de Rome, au Musée de Budapest[2] (pl. XIV-XV). Cette statue apparaît comme une copie ou bien de l'« enfant d'Hiérapétra » lui-même, ou de l'œuvre de la haute époque hellénistique qui a dû, comme nous l'avons supposé, servir d'archétype à notre pièce. Comme on l'a déjà vu, le bronzier avait reproduit le schéma du corps, en l'associant, dans un esprit éclectique, à une tête-portrait de la fin de cette période. Le sculpteur du marbre du musée de Budapest a utilisé, de son côté, un schéma identique avec une légère variation, ce corps acéphale étant bâti ici non plus comme celui d'un adolescent, mais comme celui d'un sujet plus âgé, d'un homme de corporéité plus pesante (poitrine, épaules, cuisses, croupe), aux formes puissantes[3] (voir parties nues : pied gauche et naissance du cou). De plus, la nudité des pieds (seul le pied gauche est conservé) suggère qu'il s'agissait d'une figure de philosophe, d'un « Cynique »[4], selon l'archétype hellénistique probablement, la nudité sous l'himation et la présence du « scrinium »[5], sur le côté droit de la plinthe, venant témoigner en faveur de cette interprétation. Cet élément, maladroitement conçu comme support et de forme rudimentaire (il masque l'aboutissement de l'himation de manière abrupte), semble être une adjonction du copiste[6].

(1) Cf. *EAA* I, *s.v.* « Augusto », p. 918.

(2) Cf. A. HEKLER, *Die Sammlung antiker Skulpturen, Museum d. Bildenden Künste in Budapest* (1929), p. 62, n° 50, fig. 50 ; Inv. n° 4743. H. avec la plinthe : 1,48 ; sans la plinthe et la tête : 1,24 cm. Les restaurations modernes (cf. *op. cit.*, fig. 50) ont été éloignées ; manquent actuellement : la tête, le pied droit avec une grande partie de la plinthe, le grand orteil du pied gauche, la moitié droite du scrinium avec la plinthe attenante. Quelques rares dommages sur la statue : dos des plis brisés, fissures en surface, surtout au revers de la statue. Le pied gauche est brisé horizontalement et raccordé plus haut que la cheville, la brisure se poursuit à peu près horizontalement sur le support (également raccordé). La partie conservée de la plinthe montre un contour (rectiligne sur la face et légèrement arrondi au revers) irrégulier ; elle était destinée à être insérée dans la base. Trouvée à Rome. Cf. M. BIEBER, « Roman men in Greek himation (Romani Palliati). A Contribution to the history of copying », *Proceedings of the American Philosophical Society*, 103, n° 3 (1959), p. 404 n. 54 ; notre document est mentionné ici avec deux statues de « palliati » (fig. 50) dont le type n'est pas « similar », mais assez proche (geste analogue des bras et des jambes et certaines lignes du drapé) ; les pieds nus et la présence d'un autel (?), suggèrent, selon l'auteur, qu'il s'agissait de prêtres ; cf. aussi R. CALZA, *Scavi di Ostia, V : I Ritratti* (1964), p. 104, n° 175, pl. CI.

(3) Les extrémités larges du corps, la précision et l'aspect dur du drapé sont des traits avancés dans l'art romain.

(4) Mais aussi probablement d'un poète ou d'un écrivain comme note HEKLER, *op. cit.*, p. 62.

(5) Relativement à la signification assez vague du « scrinium » comme support des statues viriles drapées, cf. E. HARRISON, *The Athenian Agora* I : *Portrait Sculpture* (1953), p. 76, n. 9, cependant allusion aux lettres et à la rhétorique. Les supports des statues en marbre classiques et hellénistiques sont de caractère différent, cf. T. DOHRN, *Antike Plastik* VIII (1968), p. 46 sq. ; S. KAROUZOU, *ArchDelt* 21 (1966), p. 2 ; «scrinia» et supports de proportions réduites, placés discrètement (à l'arrière de la jambe d'appui), cf. *Clara Rhodos*, V 2 (statues hellénistiques).

(6) Le « scrinium » sert ici de support et caractérise la figure. Il est coupé perpendiculairement, la partie droite manquante était peut-être rapportée (mais aussi exemples de demi-scriniums qui s'adaptent parfois à l'emplacement de la statue dans une niche), cf. V. POULSEN, *Les Portraits Romains* I, n° 111, pl. CLXXXVI (haut-Empire), et jusqu'à une époque tardive, par ex. H. v. HEINTZE, *Römische Kunst* (1969), n° 129 (ve s. ap. J.-C.) p. 141 ; autres ex., cf. E. ROSENBAUM, *Cyrenaican Portrait Sculpture* (1960), pl. XXVI, 1-2, n° 34, et 4 n° 37 (époque hadrienne). A l'arrière du « scrinium » (en contact avec celui-ci et avec le bord inférieur de l'himation) se trouve un petit pilier irrégulier (une sorte de tronc d'arbre ou de support rocheux) destiné à consolider la statue ; cette pluralité de supports serait un indice que la statue de marbre copie un archétype de bronze.

Le schéma identique des deux documents, marbre et bronze, comporte les
mêmes lignes du drapé, tant principales que secondaires. Cependant, à l'intérieur
des surfaces limitées par les plis principaux s'inscrivent, sur le marbre, de nombreux
plis plus courts, absents sur le bronze, et même des froissements et des creux qui
laissent beaucoup moins de surfaces unies. D'autre part, ce drapé apparemment
identique diffère foncièrement par son rendu : en se limitant aux plis les plus importants, l'artiste de la statue de bronze a surtout voulu rendre la souplesse du tissu par
les dos arrondis des plis et le vallonnement fluide de la surface. Sur le marbre, par
contre, les plis sont secs, les creux durement gravés et linéaires, d'un dessin par
endroits excessivement coupant et schématique. Le copiste répète fidèlement le
schéma, mais avec emphase, tout en restant indifférent à la plasticité de la surface.
Exemples de gravure outrée : le pli creux qui suit approximativement le contour du
ventre et son aboutissement à la région inguinale[1], le pli profondément creusé près
du poing droit, un autre au niveau du nombril, d'autres encore, travaillés en creux
et d'un tracé rigide sur le pan de l'himation recouvrant l'avant-bras gauche. Il s'agit
donc d'une copie fidèle, en marbre, d'époque romaine avancée[2], dépourvue de sens
plastique par endroits, tandis que l'ensemble ne manque pas de force, le sculpteur
ayant adroitement insisté, pour cet effet, sur certains détails comme le relief des
poings fermés se dégageant nettement sous le vêtement et les formes puissantes du
corps. L'himation épais et lourd, moins indépendant du corps que sur le bronze, est
parcouru par les accents sombres des plis d'un effet pictural ; par l'accentuation
égale, jusqu'aux moindres détails, du rendu des plis durs, se dessine un réseau linéaire
uniforme de froideur caractéristique, alors que l'aspect du bronze est beaucoup plus
fluide, le vêtement formant de grandes surfaces lisses et ondulées, qui rendent bien
le mouvement, et dont la simplicité correspond au drapé des statues viriles du
IIIe siècle av. J.-C., de caractère éminemment plastique[3]. Cette opposition dans le
traitement de nos deux documents indiquerait que le bronze représente une création
de caractère éclectique[4] d'après un archétype de la haute époque hellénistique,
comportant un type statuaire intermédiaire, tandis que le marbre serait une copie
détaillée et sans vie du même schéma, reproduisant directement ce type statuaire
(ou moins vraisemblablement copiant notre bronze) ; le travail du marbre pourrait
être daté du Ier siècle ap. J.-C. Ainsi, malgré les incertitudes que comporte tout
effort de classement des nombreuses reprises d'un même type du début de l'époque
hellénistique à travers les périodes ultérieures, il y aurait à déceler des analogies
(en ce qui concerne le rendu du drapé) entre nos deux documents et telles séries

---

(1) Des plis courbes pareils, sur cette région du corps, se rencontrent couramment au IVe s. av. J.-C.
(Statue de Sisyphos I ; sarcophage de Sidon), mais formés naturellement par le gonflement du tissu environnant.

(2) L'incision de certains plis, la délimitation graphique d'autres (par ex. sur la partie inférieure de
l'himation-face), des parties du drapé étriquées et raides (pan sur le côté gauche), sont en faveur d'une telle
datation. Cependant l'utilisation modérée du trépan, le schématisme tempéré, la corporéité équilibrée et l'aspect
pas atone de l'ensemble de la figure, indiqueraient une date dans le Ier s. ap. J.-C.

(3) Différences relativement au rendu des copies d'un même type et distinction des caractères pictural-
plastique, cf. G. DONTAS, ArchDelt 26 (1971), p. 16 sqq. et surtout p. 27 sq.

(4) L'éclectisme de notre document se limite à l'association d'une tête de la fin de l'époque hellénistique
(à romanisation légère) à un schéma de drapé remontant à la haute époque hellénistique.

d'exemples dérivant d'un même archétype, comme ceux de la « Grande Herculanaise »[1], où se distinguent les transpositions libres à travers les « Umbildungen » d'époque hellénistique[2] et les copies romaines caractérisées par l'exactitude du rendu.

Dans le cas de notre bronze, l'hypothèse d'une création indépendante, du Ier siècle av. J.-C., à partir d'un relief de la fin du IVe siècle, dérivant directement de celui-ci et sans type statuaire intermédiaire, semble peu probable[3] pour plusieurs raisons : d'abord, la transposition d'un schéma de relief en ronde bosse[4] constitue un processus contraire au processus habituel ; ensuite, il existe des types parallèles provenant de la statuaire qui sont à peu près contemporains du relief[5] comme nous l'avons déjà signalé ; enfin, la présence d'une copie de marbre, du type de notre bronze, implique l'existence d'un archétype fameux (en ronde bosse), de la haute époque hellénistique, dont le bronze constitue une « Umbildung » de qualité.

L'identité du schéma (entre bronze et marbre) se vérifie jusque dans les détails les plus infimes dont certains, d'une irrégularité de caractère réaliste, doivent dériver de la recréation hellénistique du type et sont absents du relief de Mantinée, comme l'enfoncement irrégulier de la surface du tissu en certains points (par ex. sur le pan oblique à la hauteur de l'avant-bras gauche) et certains froissements du tissu (comme celui provoqué par le poing droit). De même, la forme assez différente du pan oblique (bord supérieur de l'himation), de volume beaucoup plus important que celui de la Muse, ici élément principal de la composition, doit se rapporter à la recréation hellénistique ; le détail, par contre, de son aboutissement est rendu par l'auteur de la copie en marbre avec une plus grande fidélité, ce qui est en accord avec l'esprit classicisant de l'époque, tandis que le bronze répète librement la création hellénistique avec une accentuation des traits réalistes[6]. Ce sont ces derniers qui déterminent le

---

(1) Variations de copies : par ex. la « Grande Herculanaise », Inv. n° 219 du Mus. Nat. (Ier s. av. J.-C.) et celle Inv. n° 3622 du même Musée (Ier s. ap. J.-C.), cf. S. KARUSU, *AM* 84 (1969), p. 146 sqq., pl. 69-72 ; différences analogues entre le rendu du drapé de la « Petite Herculanaise » provenant de Délos Inv. n° 1827 et celle d'Aigion Inv. n° 242 du Mus. Nat. (KARUSU, *ibid.*, p. 146 sq., n. 12 et 23, pl. 75-76).

(2) Cf. au sujet d'un autre type F. ECKSTEIN, *Antike Plastik* IV (1965), p. 49 sqq., pl. 25-27 et fig. 3-6. Aussi variations entre les répétitions de bronze et de marbre (conditionnées, entre autres, par la différence de matière), par ex. bronze d'Athéna d'Arezzo au Musée arch. de Florence, et répétition du type sur le marbre (cf. G. E. RIZZO *op. cit.*, p. 93, pl. CXXXIX et CXLII, a et b). Athéna d'Arezzo : drapé simplifié, se limitant aux plis principaux (liberté relative par rapport à l'archétype-Muse de la plaque n° 217). Marbre : rendu plus détaillé et fidèle, mais sans vie. Cf. copies de bronze, G. LIPPOLD, *Kopien...*, p. 124 sqq.

(3) L'existence d'un type statuaire intermédiaire de la haute époque hellénistique est vraisemblable, car un tel processus créateur est plus naturel à cette période.

(4) Processus ordinaire : ronde-bosse transposée en relief, cf. H. K. SÜSSEROTT, *op. cit.*, p. 202 n. 22 ; W. FUCHS, *Die Vorbilder der neuattischen Reliefs* (*JdI, XX. Ergänzungsh.*, 1959), p. 135 sq. Exemple de ronde-bosse dérivant peut-être d'un relief : type de Pénélope assise, cf. G. LIPPOLD, *Kopien...* (1923), p. 119 sqq. ; toutefois sujet controversé cf. *EAA* VI, *s.v.* « Penelope » p. 26 sq. (bibliogr.) et, à propos des copies du type aux Musées de Rome, cf. W. HELBIG, *Führer* 4, 1 (1963), p. 260 sqq., n° 341, p. 89 sq., n° 123 ; et 4, 2 (1966), p. 318, n° 1502 (résumé de la question). Cf. aussi relativement à la création d'une statue (à partir de la peinture et au moyen du relief), comportant une restriction spatiale (Discobole), R. CARPENTER, *AJA* 54 (1950), p. 329 sq.

(5) Types des Muses du relief se rapportant à des types de la statuaire : W. KLEIN, *Praxiteles*, p. 354 sq., J. N. SVORONOS, *op. cit.*, p. 194 ; RIZZO, *op. cit.*, p. 90 ; KAROUZOU, *Catalogue*, n°s 215-217, p. 165 ; mais difficulté de datation par rapport au relief : H. K. SÜSSEROTT, *op. cit.*, p. 124, n. 150.

(6) Cette conception réaliste apparaît surtout aux surfaces mouvantes et simples du drapé (revers) ; aussi l'enroulement tubulaire du pan supérieur de l'himation est librement traité (rendu différent sur la plaque de Mantinée que suit exactement la copie de Budapest). Ce motif très développé et compliqué : sur la figure féminine du relief d'une des colonnes du temple d'Artémis à Éphèse, cf. LULLIES-HIRMER, *Griech. Plastik* (1956), n°s 214-215.

caractère de notre statue et la séparent nettement d'œuvres de classement controversé, comme par exemple l'« Enfant de Tralles »[1].

Les circonstances de la découverte de notre statue mentionnées plus haut[2] ne fournissent pas d'indication sûre relativement à sa destination. La présence, cependant, d'un sarcophage, mis au jour à proximité, pourrait signifier qu'il s'agissait d'un cimetière, bien que les grands sarcophages (à décoration sculptée) aient été placés en plein air tant à l'intérieur d'enceintes funéraires que le long des routes[3]. Comme indices de caractère funéraire, on peut noter l'expression sombre[4] de ce visage si jeune, et la sobriété du vêtement, qui paraissent nuancés d'un caractère d'héroïsation posthume. Que la statue soit funéraire[5] serait d'autant plus vraisemblable que les cas de statues honorifiques sont assez rares ; seule une personnalité de marque bénéficierait d'un tel privilège (statues de fonctionnaires locaux, etc.)[6]. L'himation et les chaussures[7] indiqueraient la condition élevée du personnage.

(1) Les questions relatives à la distinction entre « copie », « Umbildung » et « création éclectique » présentent des difficultés, comme par ex. le classement de l'« Enfant de Tralles » et ses interprétations variées, cf. récemment W. H. SICHTERMANN, *Antike Plastik* IV (1965), p. 71 sqq., pl. 39-52 (Ier s. av. J.-C.). Une certaine analogie iconographique par rapport à notre document : âge (ici plus bas), schéma d'enveloppement simple, geste du bras replié sur la poitrine ; aussi trait commun de la composition : manque de profondeur de la figure. De même analogie probable du caractère (peu sûr dans les deux cas) de la figure : statue votive représentant un éphèbe après un concours athlétique, cf. par ex. M. SCHEDE, *Meisterwerke der türkischen Museen zu Konstantinopel* I (1928), p. 10, pl. 15 ; statue funéraire : W. H. SCHUCHHARDT, *Die Epochen der griech. Plastik* (1959), fig. 92 et 93, p. 118 sqq. ; placée dans un gymnase ou une palestre : SICHTERMANN, *op. cit.*, p. 72 sq. ; récemment W. FUCHS, *Die Skulptur der Griechen* (1969), p. 129 sq. (Frühhellenismus - caractère funéraire, « Grabpfeiler ») ; A. W. LAWRENCE, *Greek and Roman Sculpture* (Revised ed., 1972), p. 236, pl. 70 a. Dans le cas de l'« Enfant de Tralles », l'individualité du visage et de l'expression est très légèrement notée, tandis que, dans l'animation réaliste de notre document, se mêlent fierté austère et mélancolie contenue.

(2) Cf. p. 1, n. 4.

(3) Cf. J. M. TOYNBEE, *Death and Burial in the Roman World* (1971), p. 270.

(4) Expression rêveuse, pose passive, regard fixé au loin — caractères qui dès le IVe s. av. J.-C. se rapportent à ces figures commémoratives, cf. L. D. CASKEY, *Catalogue of Greek and Roman Sculpture, Mus. of Fine Arts, Boston* (1925), p. 92, no 41 (statue d'un garçon provenant d'Athènes) et tête no 31.

(5) Cf. M. COMSTOCK - C. VERMEULE, *op. cit.*, p. 77, no 80, et p. 125. Un caractère funéraire est suggéré aussi dans certains cas par le recouvrement complet des mains, qui sur d'autres exemples constitue seulement un mode de représentation de la période hellénistique (statues-portraits) : cf. L. BESCHI, *AnnScAtene* 47-48 (1969-1970), p. 325.

(6) Relativement à l'époque hellénistique, cf. G. M. A. RICHTER, *The Portraits of the Greeks* III (1965), p. 263 ; cf. aussi p. ex. *Clara Rhodos*, V 2, pp. 75 sqq. et 90 sq., statues honorifiques de citoyens de Cos. Destination de statues de sujets jeunes : E. HARRISON, *op. cit.*, p. 7 sqq. Rareté de statues honorifiques de femmes, jusqu'au début de l'époque augustéenne ; cf. E. E. SCHMIDT, *Römische Frauenstatuen* (1967).

(7) Ce type, à mi-chemin entre la sandale ouverte et la chaussure fermée, est commun à l'époque hellénistique, comportant des variantes (cf. par ex. demi-sandale, mais plus ouverte, à lacis de lanières plus compliqué, K. SCHEFOLD, *Bildnisse...*, p. 138, fig. p. 139, ainsi que les sandales du philosophe sur la peinture de Boscoreale, fig. p. 133). De type analogue, mais plus fermé : statuette d'Hermarchos au Musée arch. de Florence (K. SCHEFOLD, *ibid.*, fig. p. 121, 2). Cf. aussi M. BIEBER, *Griechische Kleidung* (1928) p. 90, pl. LXIV, 3 (type analogue intermédiaire) ; G. DONTAS, *ArchDelt* 26 (1971), pl. 6 (?) ; G. M. A. RICHTER, *op. cit.*, II (1965) (Epikouros), p. 198, fig. 1212-1213 ; K. POLASCHEK, *Untersuchungen zu griech. Mantelstatuen* (1969), p. 7, n. 8. Type analogue au nôtre : pieds de bronze d'Anticythère (cf. J. N. SVORONOS, *Musée National d'Athènes* I [1903], p. 37, pl. V, 10), associés à la statue du philosophe Inv. no X. 13400 ; *ArchEph* 3 (1902), p. 154, fig. 3 ; S. KAROUZOU, *Catalogue...* (1967) (en grec), p. 175 ; en dernier lieu, P. CORNELIS BOL, *Die Skulpturen des Schiffsfundes von Antikythera* (1972), p. 29 sqq., pl. 13, 1-2, 3-4 fig. 1, pl. 13, 5-6 ; pl. 14, 2, 4 et 1, 3, particularités : les lanières obliques formant triangle (aux orteils) sont attachées séparément — manque de la langue de cuir sur le dos du pied. Du même type que ceux de notre bronze sont les pieds sandalés provenant de Samos (musée de Tigani) : cf. R. HORN, *Samos* XII, nos 8 et 9, pl. 22, 8 et 9, Beil. 5, p. 86 sq. et p. 14 ; aussi *EAA* VI, *s.v.* « ritratto », fig. 820 (« filosofo », Musée Torlonia, Rome).

Le bronze a été découvert dans la zone côtière[1] d'Hiérapétra, où les restes de la ville antique sont connus depuis longtemps[2] et qui a livré des sculptures de périodes variées[3]. Il paraît donc très vraisemblable d'attribuer cette statue à un atelier local[4]. Son style correspond parfaitement au mélange d'influences (monde romain et monde grec de l'Est) qui se produit dans l'activité artistique de la Crète. Dans le schéma de la statue, nous avons constaté, d'une part, l'influence attique[5] et, d'autre part, le type de visage nous a paru influencé par ceux de la côte africaine, peut-être de la Cyrénaïque. Par ailleurs le caractère hellénistique de notre pièce est en accord avec la tradition sculpturale de l'île, qui a été importante[6] surtout pendant la période de grande prospérité de l'extrémité orientale de la Crète, sous l'influence des Ptolémées[7]. La présence donc, à Hiérapétra, d'un tel document de l'extrême fin de l'époque hellénistique s'expliquerait bien par ces antécédents. Cependant, en ce qui concerne la production de grands bronzes, l'identification d'ateliers locaux est toujours difficile,

(1) Le cas n'est pas isolé : sur la côte Sud de l'île ont été effectuées des trouvailles fortuites comme celle des bronzes découverts (en mer) à proximité de la côte de l'agglomération de Hagia Galini (nome de Rethymno), ancien port de Sybrite sur la mer Libyenne, cf. *ArchEph* 1948-1949 *Suppl.* Chroniques, p. 1 sqq. Ce lot de bronzes a été considéré comme faisant partie de la cargaison d'un navire qui avait fait naufrage, cf. S. MARINATOS, *AA* 1937, col. 229-233. D'autre part, de la côte Sud de Crète (Arvi) provient le fameux sarcophage dit de « Pashley », cf. L. BUDDE et R. NICHOLLS, *A Catalogue of Greek and Roman Sculpture in the Fitzwilliam Mus.*, *Cambridge* (1964), n° 161, pl. 53-55, reconnu comme produit italique transporté en Crète (iie s. ap. J.-C.) (avec bibliogr. antérieure) et un autre également d'Arvi, *ibid.*, n° 158, pl. 51 (couvercle de sarcophage attique, iie s. ap. J.-C.).

(2) Cf. *supra*, p. 1, n. 3.

(3) D'Hiérapétra même : Koré, cf. Ed. SCHMIDT, dans W. AMELUNG, *Antike Plastik* (1928), p. 222 sqq., fig. 3 et 4 (type Torlonia-Hiérapytna) ; Ed. SCHMIDT, *JdI* 47 (1932), p. 266, fig. 15 et 16 n. 1 ; G. LIPPOLD, *HdArch* III, 1, p. 175, n. 4, aussi Néréide sur un Dauphin, *ibid.*, p. 221, n. 10 ; cf. en dernier lieu : A. DELIVORRIAS, *Attische Giebelskulpturen u. Akrotere des fünften Jahrhunderts (Tübingen Studien zur Archäologie u. Kunstgeschichte* I, 1974) p. 129. Type d'Aspasie, G. LIPPOLD, *ibid.*, p. 102, n. 2, pl. 32, 2 ; *ArchDelt* 15 (1933-35), *Suppl.*, p. 69, fig. 30 (copie acéphale) : type fréquent en Crète (et à Cyrène : cf. PARIBENI, *Cirene*, n° 237). Aussi statue d'Hadrien au Musée d'Istanbul : cf. M. WEGNER, *Das römische Herrscherbild* II, 3 (1956), p. 98, pl. 16, c ; inscriptions relatives d'époque impériale, cf. C. C. VERMEULE, *Roman Imperial Art in Greece and Asia Minor* (1968), p. 442, *Appendix* C, avec brève mention de notre bronze. Restes de basse époque marquant une influence égyptienne : cf. *RA* 1895, I p. 109 et II, p. 354 sq. (bas-reliefs) ; G. MENDEL, *Catal. des Sculptures I* (1912), p. 135 sqq., n° 40 ; M. GUARDUCCI, *Inscr. Creticae* III (1942), p. 23.

(4) La tradition du travail du bronze dans l'île remonte très haut ; nombreuses trouvailles mises au jour, cf. par ex. D. G. MITTEN - S. F. DOERINGER, *op. cit.*, p. 45 sqq., n°s 29-32.

(5) Relations étroites avec des types athéniens, à partir de 200 av. J.-C. : monnaies à types attiques, cf. HEAD-SVORONOS, *Histoire Numismat. de la Crète ancienne* I (1898) (en grec), p. 574 sqq., et *Catal. Num. Brit. Mus.* X, p. 48 sq., pl. XII ; de Crète aussi provient une figure de Nymphe dansante (Fr. POULSEN, *Ny Carlsberg Glypt. Catalogue* [1951], p. 207, n° 277, pl. XX), œuvre, « probablement néo-attique » (i^{er} s. av. J.-C.), mélange d'éléments du ve et du ive s. av. J.-C.

(6) Comme par ex. la tête n° 451 de la Glyptothèque Ny Carlsberg : Fr. POULSEN, *op. cit.*, n° 451, pl. XXXIII, ArBr 356 ; Fr. POULSEN, *From the Collections* II (1939), p. 21, fig. 21 : « aus Alexandria » ; V. POULSEN, *Les Portraits Grecs* (1954), p. 68, n° 42, pl. 30 ; aussi B. M. FELLETTI MAJ, *Museo Naz. Romano, I Ritratti* (1953), p. 21, comme provenant d'Alexandrie ; G. M. A. RICHTER, *op. cit.*, III, p. 263 (Ptolemy III Evergetes, 241-221 av. J.-C.), fig. 1818-1819 ; elle provient probablement de Crète ; cf. A. RUMPF, *AM* 78 (1963), p. 180 sqq., Beil. 89, 1 (sur cette tête, « Fundort Kreta », et sur l'influence de l'Égypte en Crète).

(7) Influence de l'art alexandrin en Crète et surtout celui de basse époque, dont le rayonnement a été senti dans la région de l'Égée, en ce qui concerne l'art du portrait, où l'on note un tournant vers le naturalisme aux environs des années 100 (début du i^{er} s. av. J.-C.) ; cf. à ce propos, l'influence de l'art alexandrin en Cyrénaïque (province de « Creta et Cyrenaica ») : L. BESCHI, *loc. cit.*, p. 337 sq.

à cause de la circulation des premiers le long des côtes de la Méditerranée[1]. Mais c'est un fait que le travail du bronze reste de qualité, pendant les derniers siècles de la période hellénistique, aussi bien dans la statuaire que dans la « toreutique »[2].

De l'existence simultanée des différents courants stylistiques, — réalistes, rétrospectifs, classicisants ou éclectiques, — qui marquent la fin de la période hellénistique et le début de l'époque romaine, résulte une difficulté de distinguer entre les portraits de ces deux périodes, les signes de transition étant assez imprécis[3]. Dans la catégorie, par exemple, des gemmes (comme nous l'avons constaté plus haut), les portraits de Grecs et de Romains au rendu hellénistique, gravés par des artistes grecs (dont nous avons les signatures), s'influencent réciproquement du point de vue stylistique et typologique[4].

Aussi l'étroite relation stylistique entre le portrait hellénistique et le portrait républicain romain est-elle à la base des rapprochements relatifs à notre document suggérés plus haut ; correspondance du traitement des parties charnues, expression concentrée du visage[5] et qualité du modelé en général, aux nuances les plus fines. Par contre, la construction solide, à détails linéaires, propre aux portraits républicains, se distingue de la construction hellénistique plus « relâchée ».

Notre portrait, donc, participe au compromis et à la synthèse d'éléments idéalistes et réalistes[6], qui caractérisent le style hellénistique[7], en les associant à un visage de type « non grec », le degré d'idéalisation étant ici très faible[8]. D'autre part, il ne

(1) Cf. Fr. CHAMOUX, *BCH* 74 (1950), p. 80 : sorte de « Koinè » artistique du bassin méditerranéen, illustrée par la très grande dispersion des trouvailles. Sur les ateliers de bronze, d'époque hellénistique, cf. J. MARCADÉ, *Au Musée de Délos* (1969), p. 84 sqq.

(2) H. KÜTHMANN, *Untersuchungen zur Toreutik des zweiten u. ersten Jahrh. v. Chr.* (1959), p. 64 sqq. ; fraîcheur et formes vivantes en dehors des traits du courant classicisant.

(3) A cause de nombreux courants hellénistiques qui se perpétuent à l'époque romaine (cf. D. G. MITTEN-F. DOERINGER, *Master Bronzes from the Classical World* [1968], p. 23 ; W. LAMB, *Greek and Roman Bronzes* [1929], p. 209 sq.). Une multiplicité de tendances caractérise aussi l'art du portrait attique. Certains traits distinctifs et des particularités techniques se rapportent cependant à la première moitié du Ier s. av. J.-C. : raideur et angularité des plis du drapé, sécheresse et précision coupante au rendu des détails (yeux, paupières, cheveux), travail à froid après la fonte du bronze, cf. W. LAMB, *ibid.*, p. 216 sqq. Reprises à froid sur notre bronze : sur certaines mèches et narines soulignées d'un trait gravé, cf. B. S. RIDGWAY, *Antike Plastik VII* (1967), p. 70.

(4) Cf. G. M. A. RICHTER, *Engraved Gems of the Greeks and the Etruscans* I, (1968), p. 171, n° 690 sqq., ainsi que le groupe immédiatement précédent, p. 169, nᵒˢ 683-689, de la première moitié du Ier s. av. J.-C. ; expansion de types romains républicains, par ex. sur les figurines, cf. S. MOLLARD-BESQUES, *Catalogue des figurines et reliefs en terre cuite*, III (1972), p. VI.

(5) Qui arrive à rendre l'isolation d'un personnage renfermé, caractère des portraits républicains attiques, cf. S. KAROUZOU, *Studi in onore di Luisa Banti* (1965), pp. 210 et 212 et pl. XL-XLI. La mélancolie « résignée » de notre jeune homme correspondrait plutôt à cette expression en s'éloignant du pathétique hellénistique.

(6) Malgré le cours parallèle du portrait grec et romain vers le réalisme, différences fondamentales entre ces deux catégories : cf. H. KENNER, *OJh* 25 (1943), pp. 35 et 40 sq. et B. HOLTZMANN, *RA* 1967, 1, p. 85 sq.

(7) A la fin de l'époque hellénistique, de nombreux exemples se réfèrent à des types et à des thèmes de la haute époque hellénistique, mais en les transformant en créations nouvelles, caractérisées comme néo-hellénistiques, cf. G. M. A. RICHTER, *JRS* 48 (1958), p. 15 ; aussi G. LIPPOLD, *Kopien u. Umbildungen Griech. Statuen* (1923), p. 25 sqq. à propos de l'utilisation de ce matériel artistique des périodes précédentes, par la basse époque hellénistique. Ainsi distinction assez ardue entre les versions hellénistiques et les pièces originales du IVᵉ s. av. J.-C. uniquement au moyen de copies, cf. L. BUDDE et R. NICHOLLS, *op. cit.*, n° 58, p. 34.

(8) Comparée par ex. à la tête de Cyrène (cf. plus haut p. 18 n. 6).

comprend, comme nous l'avons vu, que de rares traits classicisants[1], en restant en dehors de ce courant, dont par exemple la tête du Sophocle dit d'Arundel[2], au Musée Britannique, constitue, au Iᵉʳ siècle av. J.-C., une œuvre typique, au modelé sec et rigide. En ce qui concerne l'ensemble, la figure ne présente pas le caractère composite de l'éclectisme néo-attique[3], à éléments différents, juxtaposés et fixes, style qui à partir de la fin du IIᵉ siècle av. J.-C., a fait usage des traits néo-classiques dans des compositions variées[4] ; la statue-portrait du Louvre, œuvre de Cléoménès[5], de caractère très différent de notre document[6], est un bel exemple d'un tel éclectisme.

En définitive, notre pièce se présente comme une création à inspiration rétrospective, puisant dans le réalisme de la haute époque hellénistique, mais qui, par l'adaptation déjà de certains éléments d'apport romain[7], constitue une œuvre de la

(1) Éléments classiques en vigueur à travers l'époque hellénistique par ex. dans le groupe des « Épicuréens », créations de conception éminemment hellénistique, les rapports avec les formes classiques sont évidents, cf. à propos des portraits : A. Giuliano, *La Cultura Artistica delle Province della Grecia in Età Romana* (1965), (*Studia Archeologica*, 6) p. 72 sqq. et en général p. 90 : « reprise de motifs classiques selon les normes du goût hellénistique ». A la dernière phase du style hellénistique, ce retour vers les formes classiques est un phénomène qui se répercute à travers les différents cercles ou écoles, par ex., en marge du style alexandrin, tête féminine cf. *Auction XXVI, Basel, Kunstwerke der Antike* (1963), p. 96, nᵒ 184.

(2) Brit. Mus. Inv. nᵒ 2320 ; ArBr 989-990 ; G. Hafner, *Späthellenistische Bildnisplastik* (1954), p. 66, A 12, avec bibliogr. antérieure ; G. M. A. Richter, *The Portraits of the Greeks* I (1965), p. 131, type IV, 1 fig. 708-710 ; L. Laurenzi, *Ritratti Greci* (1968), p. 136, nᵒ 112, pl. XLV : « l'accademismo classicista s'innesta nel virtuosismo veristico ». Sur cette tête, on note la fixation du rendu des formes du visage et de la coiffure, qui entraîne en certains points une schématisation : la stylisation des détails de la tête, ainsi que l'encadrement typique de la coiffure et de la barbe, donnent un schéma abstrait où les détails réalistes de la richesse des formes et du « pathos » se transforment en un type.

(3) Produits typiques d'ateliers néo-attiques : statues de bronze de type éphébique provenant de Pompéi (W. Amelung, *JdI* 42 [1927], p. 145 sqq.), Volubilis, Antequera (œuvres associant des archétypes classiques différents), cf. A. Garcia y Bellido, « Der Bronzene Mellephebe von Antequera », *Antike Plastik* IX (1969), p. 73 sqq., pl. 46-49 (fin de la République et début de l'époque impériale) ; œuvres de caractère complètement étranger à notre pièce. Cf. aussi A. Giuliano, *op. cit.*, p. 46 sqq.

(4) Des combinaisons d'éléments variés se rapportent au courant « éclectique » dès la première moitié du Iᵉʳ s. av. J.-C. (les-dits pasticci, etc.), cf. par ex. Fr. Chamoux, *BCH* 74 (1950), p. 75 sqq. (Dionysos de Sakha, caractère composite, Oreste de Stéphanos) ; R. Helbig, *Kopien u. Umbildungen*, p. 125 (Idolino) ; G. Richter, *Sculpture and Sculptors of the Greeks*, p. 253 ; A. Rumpf, *Critica d'Arte* 4 (1939), p. 17 sq. ; Éphèbe de Pompéi (via dell'Abbondanza), cf. B. S. Ridgway, *The Severe Style in Greek Sculpture* (1970), p. 139 sq. (catégorie de bronzes décoratifs) et pour celle des pastiches en général, p. 131 sqq. Cf. aussi, à propos du style « néo-classical », les remarques de K. Lehmann-Hartleben, *AJA*, 46 (1942), pp. 202 (fig. 3) et 214.

(5) Musée du Louvre nᵒ 1207. Variation de datation : R. West, *Römische Porträt-statuen* I, p. 88 sq., pl. XXI, fig. 84-85 : œuvre de « Übergangszeit der späten Republik » datée du milieu du Iᵉʳ s. av. J.-C. (à l'époque césarienne-inscription) ; époque augustéenne entre 35 et 25 av. J.-C. : (Brendel Typus C, *Ikonogr.* p. 40 sqq.) ; Ott. Brendel, *RM*, 50 (1935), p. 254 sq. « Frühaugusteisch » ; *EAA* IV, *s.v.* « Kleomenes », p. 370 : « temperamento eclettico e intelletualistico », « decennio 50-40 a. C. », fig. 437. Dit « Germanicus » ; M. Collignon, *La Sculpture grecque* II (1897) p. 642, fig. 337 ; G. Hafner, *op. cit.*, p. 91 : « einen weiteren Augustus mit untypischen Frisur » ; R. Carpenter, *AJA* 58 (1954), p. 3 : « second quarter of the first c. of our era » ; J. Charbonneaux, *Au Musée du Louvre* (1963), p. 147 sq., « entre 40 et 30 av. J.-C. » ; R. Bianchi-Bandinelli, *Rome : the Centre of Power* (1970), p. 47, « member of Augustus's family » (Détail de la coiffure : stylisation analogue des mèches frontales).

(6) De même les pièces du « classicisme augustéen » comme la statue de Gaius Caesar (?) au Musée de New York, cf. G. M. A. Richter, *Greek, Etruscan and Roman Bronzes of the Metrop. Museum* (1915), nᵒ 333 (tête idéalisée, draperie stylisée à contour et tracé calligraphique) ; cf. K. Kluge et K. Lehmann-Hartleben, *Die Grossbronzen*, II (1927), p. 93 sq. fig. 1, pl. XXVII.

(7) En dehors des traits notés plus haut, ce sont les caractères de l'« individuel », du « particulier », le « sérieux » et l'« expression de volonté », cf. H. Sichtermann, *Antike Plastik* IV (1965), p. 82.

fin de cette époque, orientée dans le courant insulaire-oriental. Aussi l'influence indirecte du milieu artistique d'Athènes[1] apparaît dans le choix du schéma du corps, et probablement, aussi, dans le rendu du visage, au cas où la parenté du traitement analysée plus haut par rapport à la tête n° 320 du Musée National, de provenance athénienne, pourrait être interprétée dans ce sens. L'expression, d'ailleurs, de notre adolescent, ainsi que ses affinités avec un groupe de portraits classés dans l'ambiance attique[2], se prêtent à cette distinction.

Les influences donc, même indirectes, d'un type de la haute époque hellénistique, pour le corps, et de la fin de cette même époque, pour la tête, assurent à notre bronze une unité intrinsèque, difficilement atteinte par les œuvres éclectiques. Aussi l'effigie de bronze s'impose par sa simplicité de composition à contours précis et calmes, par la richesse des volumes et la vivacité des surfaces dans un équilibre qui correspond exactement à la dualité observée dans la composition de la tête : dessin calme de la chevelure, modelé agité du visage. A l'unité de l'ensemble contribuent le traitement égal des diverses parties et le caractère sévère tant du vêtement que du visage.

Le classement du bronze soulève les problèmes qui surgissent relativement à la datation des bronzes post-classiques, par le seul moyen des critères stylistiques ; la présence d'indices extérieurs, indépendants du style, comme la connaissance du contexte, serait de première importance[3].

Les grands bronzes d'époque hellénistique sont peu nombreux : aussi notre statue constitue-t-elle, en soi, un document précieux. En outre, dans l'ensemble des statues-portraits d'hommes vêtus, elle se distingue par le caractère particulier de la tête et le type rare du drapé.

---

(1) Sur le rôle d'Athènes et des artistes athéniens dans le mouvement réaliste du dernier siècle avant J.-C., cf. G. M. A. RICHTER, *JRS* 48 (1958), p. 11 sqq. ; S. KAROUZOU, *Studi in onore di L. Banti* (1965), p. 205 sqq. et surtout p. 211 sq. ; J. MARCADÉ, *op. cit.*, p. 269 sqq.

(2) Cf. V. POULSEN, *RA* 1968, I, p. 272 sqq. (Juba II de Volubilis, Agrippa et Marcellus du Louvre) ; affinités notées plus haut, mais sous un angle différent ; cf. *supra*, p. 19 n. 1 et p. 23 n. 5 et 7.

(3) Les témoignages relatifs aux circonstances de la découverte de notre document se limitent, malheureusement, à des indications succinctes.

TABLE DES PLANCHES

Photographies de G. Xylouris, Héracleion (pl. I à III et VI, *b*), E. Séraf, Athènes (pl. IV et V, *c* et *d*), K. Konstantopoulos (pl. XII, 3 et XVI).

4

Pl. I

Statue de bronze d'Hiérapétra (Musée d'Héracleion, inv. 2677).

Pl. II

Statue d'Hiérapétra : profils droit et gauche.

Pl. III

Statue d'Hiérapétra, vue de dos.

Pl. IV

Statue d'Hiérapétra : tête, vue de face.

Pl. V

a

b

c

d

Statue d'Hiérapétra : tête, vue de profil et de trois-quarts.

Pl. VI

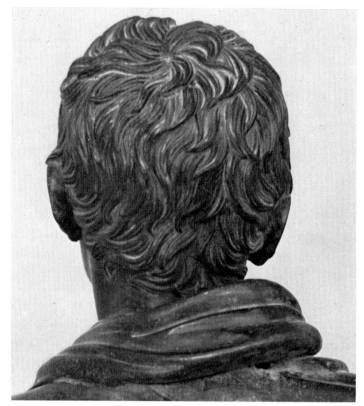

a

b

Statue d'Hiérapétra : *a*. Revers de la tête. *b*. Pieds et base.

Pl. VII

1. Base de Mantinée (Athènes, Musée Nat. inv. 216) *(Cliché Inst. allemand d'Athènes, Hege 1147)*.

2. Fragment de relief (Athènes, Musée Nat. inv. 3424).

Pl. VIII

1. Hermarchos (?) (New York, Metr. Museum inv. 10.231.1).
2. Tête de Samos *(Cliché Inst. allemand d'Athènes, nég. 1596)*.

Pl. XII

1

3

2

1. 2. Tête de Satyre (Munich, Glyptothèque
inv. 450).

3. Figurine de Tanagra (Athènes, Musée Nat.
inv. 4478).

Pl. XI

Tête de Satyre (Munich, Glyptothèque inv. 450).

Pl. X

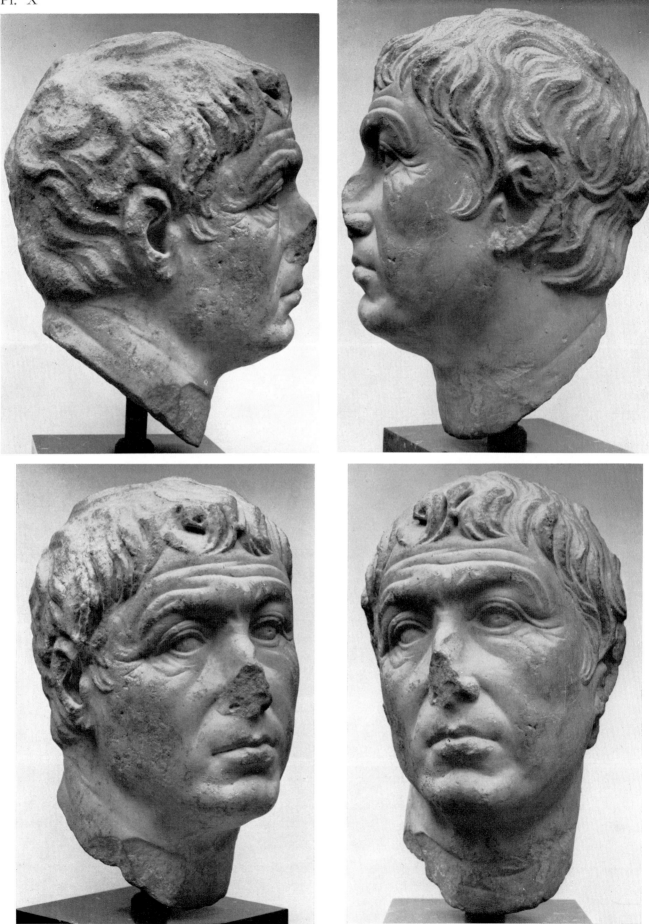

Tête de marbre (Athènes, Musée Nat. inv. 320) : vues de profil et de trois-quarts *(Clichés Inst. allemand d'Athènes, 73/1306, 1307, 1305, 1302).*

Pl. IX

Tête de marbre (Athènes, Musée Nat. inv. 320) *(Cliché Inst. allemand d'Athènes, 73/1304).*

PL. XIII

1. Gemme signée par Agathopous (Florence, Musée
arch. inv. 14968).

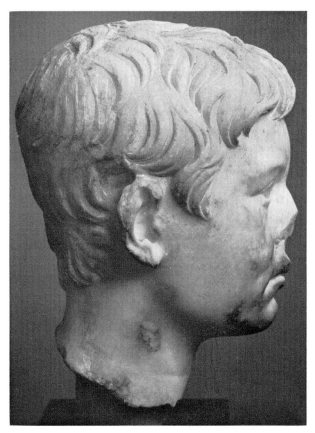

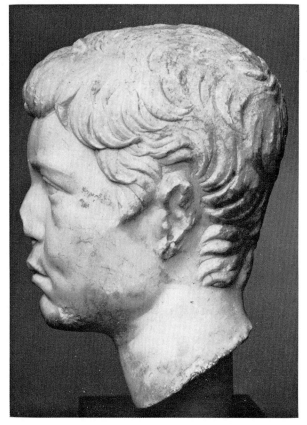

2 à 4. Tête de marbre (Copenhague, Glyptothèque Ny Carlsberg inv. 735).

Pl. XIV

Statue de marbre (Budapest, Musée des Beaux-Arts, inv. 4743) : face et profil gauche.

Pl. XV

Statue de marbre (Budapest, Musée des Beaux-Arts, inv. 4743) : profil droit et revers.

Pl. XVI

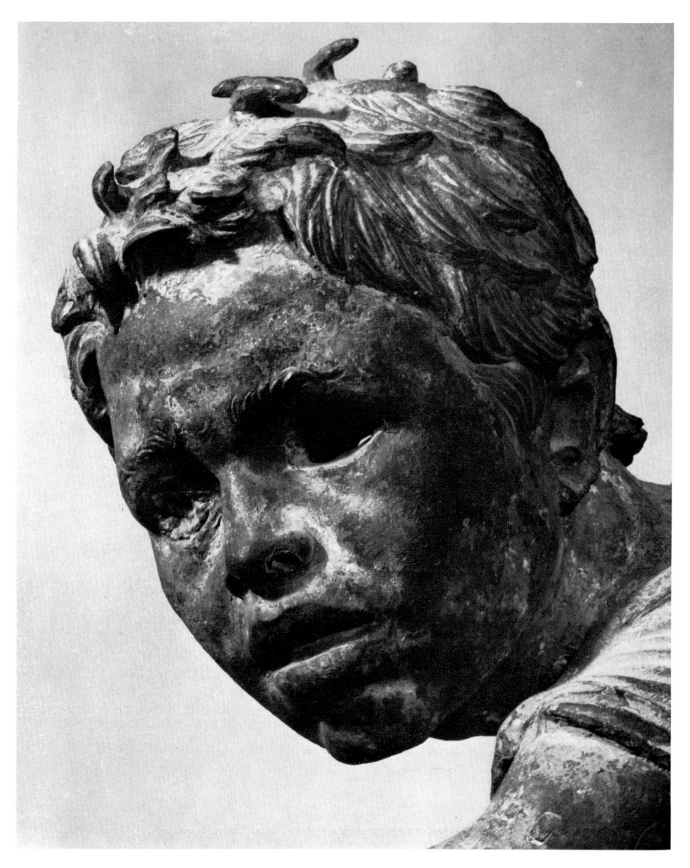

Tête du « Jockey » (Athènes, Musée Nat. inv. X 15177).

IMPRIMERIE A. BONTEMPS

LIMOGES (FRANCE)

Dépôt légal : 4ᵉ trimestre 1975